차이의 언어

차이의 언어

"성향 · 세대 · 직급을 아우르는 실전 대화법"

이주연 지음

메이트북스 (예문아카이브)

Prologue

우리를 지치게 한 건 '엇갈린 언어'입니다

"직장에서 사람 때문에 스트레스 받아본 적 있으신가요?"

강의에서 이 질문을 하면 거의 모두가 손을 듭니다.

"그 갈등의 원인이 본인이라고 생각하시는 분 있으신가요?"

이어지는 질문에는 조용해집니다. 손을 드는 분이 거의 없죠. 대신 나는 정말 최선을 다했는데, 마음처럼 되지 않는다는 답답함이 얼굴에 가득합니다.

'이미 충분히 노력했는데, 왜 내가 더 참고 맞춰야 하는 걸까?'

'오히려 그 사람이 와서 이 강의를 들어야 하는 것 아닌가?'

어쩌면 더는 애쓰며 노력하고 싶은 마음이 사라졌을지도 모릅니다. 그런데 신기합니다. 제가 어딜 가서 물어도 대부분 내 잘못은 아니라고 답하거든요.

대체 그럼 누구의 문제일까요?

”

익숙해질 틈도 없이 함께 일해야 하는 사람들

우리가 겪는 인간관계 스트레스는 직장에서 좀 더 자주 발생합니다. 그래서 우리는 일상에서 맺는 관계와 직장에서 맺는 관계의 차이부터 이해해야 합니다. 시작부터 다르거든요.

직장 밖에서 알게 된 사람과는 먼저 서로 알아가고 친해지는 과정이 있습니다. 그러다 마음이 맞으면 무언가를 함께 하기도 하고, 맞지 않으면 자연스럽게 멀어지기도 하죠. 억지로 관계를 이어갈 이유도, 의무도 없습니다.

하지만 직장은 다릅니다. 처음 만난 사람들과 바로 한 팀이 되어 오늘의 일을 처리하고, 또 목표를 향해 열심히 움직여야 하죠. 서로를 제대로 모르는 채 바로 함께 하다 보니 어긋남이 생기는 것도 당연합니다. 그리고 그 과정에서 자연스레 오해와 편견도 생기죠.

“

사실 일상에서는 어느 정도 스트레스를 받는다 싶으면 이미 관계를 정리했을지도 모릅니다. 하지만 직장은 일상의 관계처럼 안 맞는다고 바로 거리를 두기는 쉽지 않죠. 생존과 연결된 공간이니까요. 그렇게 쉽게 끊지 못하는 관계가 계속 이어지다 보니, 우리는 직장에서 더 어려운 사람이 많은 것처럼 느끼는지도 모릅니다.

그래서 직장 관계의 스트레스는 어쩌면 당연한 일이라고 생각하는 게 더 편할수도 있어요. 그렇다고 참고 견디라는 말은 아닙니다. 이런 일은 누구에게나 생긴다는 거죠. 내가 운이 나쁘거나, 무언가를 잘못해서 생긴 일이 아닙니다. 그러니 '왜 하필 이런 팀에 왔을까, 왜 나는 이런 사람을 만났을까'와 같은 생각에 에너지를 쏟을 필요가 없습니다. 이러한 생각들이 오히려 더 큰 스트레스를 키우거든요. 대신 그 생각의 방향을 살짝 바꿔보면 좋겠습니다.

”

'오케이, 서로 잘 모르니 부딪힐 수 있지. 그러면 어떻게 해야 덜 부딪히고, 나도 덜 지칠 수 있을까?'

이렇게 생각의 방향을 조금만 바꿔도, 현실적인 해결책이 보이기 시작합니다.

7:3의 법칙, 관계의 현실 공식

하지만 아무리 노력해도 도무지 막막한 사람도 있습니다. 이럴 때는 현실적인 구분이 필요합니다. 우리가 스트레스를 받는 관계 10명 중 3명은 안타깝게도 진짜 맞출 수 없는 '틀린' 경우도 있거든요. 이기적이거나, 늘 자신만 옳다고 우기거나, 상식이 통하지 않는 사람들이죠. 이들은 단순한 성향 차이라고 보기엔 어렵습니다. 문제의 원인이 분명 그들에게 있기 때문이죠.

하지만 나머지 일곱 명은 다릅니다. 이들은 서로 각자의 방식으로 노력하고 있지만, 달라서 어긋나는 경우입니다. 그런

"

데 안타깝게도 우리가 이 '다름'도 '틀림'으로 오해하는 경우가 많아요.

그래서 우리는 먼저 10명의 관계 중, 다른 7명과 틀린 3명을 명확히 구분하는 것이 필요합니다. 그리고 그 세 명과의 관계에서는 더 이상 내 탓을 하며 스트레스 받지 않는 거죠. 이 관계는 이제 이해가 아니라, 대응의 영역이거든요.

'좋아, 저 사람은 저런 사람이구나. 그럼 나는 어떻게 대응해야 덜 스트레스 받을까?'

이렇게 거리를 정하는 것이 가장 현실적입니다. 대신 여기서 아낀 에너지를 남은 일곱 명에게 집중하는 거죠. 그들도 나와 잘 지내고 싶은 마음이 가득하기 때문입니다. 그리고 이들과의 관계는 관점을 조금만 달리해도 놀라울 만큼 나아질 수 있습니다.

”

가장 현실적인 대화 기술 ‘차이의 언어’

강의 중에 한 학습자가 말했습니다.

“대화에서 가장 중요한 것은 언어 선택인 것 같아요. 결국 대화는 핑퐁의 과정이지만, 처음에 어떤 단어를 선택하느냐에 따라 분위기가 완전히 달라지더라고요.”

맞습니다. 대화는 결국 표현입니다. 같은 내용도 어떻게 말하느냐에 따라 대화는 열리기도 하고 닫히기도 하죠.

그래서 이 책은 단순히 말만 잘하는 법을 다루지 않습니다. 예쁜 말을 고르는 건 사실 그리 어렵지 않습니다. 하지만 예쁜 말도 마음이 없으면 오래 가지 못합니다. 그 말을 계속해야 하는 내가 먼저 지치기 때문이죠. 그래서 필요한 건 화려한 기술이 아니라 나에게 맞는 자연스러운 방법입니다.

나를 이해하고, 상대를 이해한 뒤, 서로에게 무리 없는 표현을 선택하는 것. 그것을 저는 ‘차이의 언어’라고 부릅니다.

“ ”

우리가 직장에서 가장 자주 부딪히는 세 가지의 차이.

성향 · 세대 · 직급

매일 부딪혔던 이 다름을 차이의 언어로 풀어보려고 합니다.

책을 덮을 즈음이면 ‘왜 하필 저런 사람을 만나서 힘들까?’, ‘왜 나는 이게 유독 어려울까?’와 같은 질문은 더 이상 하지 않게 될 겁니다.

나에게 맞는 방법이 있습니다. 그리고 상대에게 통하는 방법도 있죠. 나답게 시작하되 함께하기 위해 조율하는 것.

그것이 바로 《차이의 언어》가 전하고 싶은 가장 현실적이고 따뜻한 해법입니다.

차례

• • •

Chapter 2 [세대 차이] 우린 다른 환경에서 자라왔습니다

• • •

Chapter 3 [직급 차이] 직장에서 우리의 역할이 다릅니다

Chapter 1

[성향 차이]

우린 처음부터
달랐습니다

Theme 1.

나를 이해하는 방식

사람은 진짜 안 바뀌나요?

"나 원래 이래."

갈등 상황에서 상대가 이렇게 말해버리면 참 막막해집니다. 짧은 한마디지만 '나는 원래 이런 사람이야. 못 바꿔. 네가 맞춰'라는 강한 속뜻이 전해지니까요. 그래서 더는 무슨 말을 해도 통하지 않을 것 같은 느낌이 듭니다.

하지만 돌이켜보면 우리도 이런 말을 내뱉을 때가 있습니다. 상대에게 들을 때는 무책임하고 야속하게 들렸지만, 내가 말할 때는 나름의 이유가 있죠. 관계를 지키려고 애쓰다가, 더는 힘이 없어 '이 정도 했으면 됐잖아' 하는 마음이 터져 나올 때 나오는 말이니까요.

여기서 우리는 한 가지 근본적인 질문과 마주합니다.

'정말 사람은 바뀌지 않는 걸까요?'

우린 처음부터 다르게 태어났습니다

이 질문에 대한 힌트는 너무나도 비슷해서 놀라웠던 두 사람의 이야기에서 시작됩니다. 실화를 바탕으로 한 영화 〈트윈스터즈〉입니다. 일란성 쌍둥이 자매가 미국과 프랑스로 각각 입양되어 서로의 존재도 모른 채 25년을 살아왔는데, 어느 날 SNS에서 우연히 서로를 발견합니다. 처음 보는 사람인데 나와 얼굴이 똑같습니다. 게다가 옷 스타일, 식성, 심지어 좋아하는 매니큐어 색깔까지 비슷했죠. 놀라운 점은 여기서 끝나지 않았습니다. 창의력, 이해력, 사고력 같은 심리검사 지표 역시 거의 같았습니다. 담당 의료진은 이렇게 설명했죠.

"같은 유전자를 가진 사람에겐 정말 자연스러운 결과입니다."

이처럼 타고나는 성향을 '기질'이라고 부릅니다. 성격의 상당 부분은 태어날 때부터 이미 방향이 정해져 있는 셈이죠. 사실 우리는 본능적으로 알고 있었습니다. 아무것도 배우지 않은 갓난아기 시절부터 우리는 저마다 다르게 반응했으니까요. 처음 보는 사람에게 방긋 웃는 아기가 있는가 하면, 낯선 환경에서 울음부터 터뜨리는 아기도 있습니다. 누워 있는 걸 좋아하는 아기가 있는가 하면, 안아줘야만 겨우 잠이 드는 아기도 있죠. 성격이라고 하기엔 아직 너무 어리고, 환경 탓이라기엔 너무 이른 시기입니다. 그래서 우리는 이런 성향을 타고난 기질이라 합니다.

변화는 '나'를 바꾸는 것이 아니라 '조율'하는 것

그런데 갓난아기 때부터 차이가 있다는 말을 들으면, 조금은 억울한 마음이 들 수도 있습니다.

'나는 원래 이렇게 태어난 건가?'

'아무리 애써도 바뀌지 않는 거라면, 노력해도 소용없는 건가?'

결론부터 말하면, 변할 수 있습니다. 다만 그 변화가 내성적인 사람이 갑자기 외향적인 '핵인싸'가 되는 극적인 모습은 아닙니다. 진정한 변화는 내 안에 있는 성향을 완전히 없애는 것이 아니라, 나에게 맞게 다루는 법을 익히는 것입니다. 저는 이것을 '조율'이라고 부릅니다. 성급한 기질을 가진 사람이 말을 완전히 줄이는 것이 아니라, 잠시 멈춰 숨을 고르고 말하는 법을 배우는 것입니다.

이런 변화가 가능한 이유는 성격의 절반은 타고난 기질에서 시작되지만, 나머지 절반은 환경의 영향을 받기 때문입니다. 영화 〈트윈스터즈〉의 쌍둥이 자매도 마찬가지였습니다. 이들은 같은 기질을 가졌지만, 한 명은 따뜻한 가정에서, 다른 한 명은 버려진 아이라는 놀림을 받으며 외로운 환경에서 자랐습니다. 그 결과 감정을 표현하는 방법이나 사람을 대하는 태도가 완전히 다르게 형성되었습니다. 같은 기질이라도 환경에 따라 성격은 다르게 만들어진 것입니다.

가장 중요한 점은, 환경은 주어지기만 하는 것이 아니라 우리가 바꿔 갈 수도 있다는 사실입니다. 직장을 옮기거나, 일하는 방식을 바꾸거나, 새로운 습관을 만드는 것처럼, 우리는 이미 크고 작은 선택으로 환경을 바꿔가며 살고 있습니다.

그러니 나는 원래 이런 사람이라며 멈추기엔 아쉽습니다. 기질은 출발선일 뿐입니다. 내가 어느 선에서 시작했든, 어떤 길을 택하느냐에 따라 얼마든지 달라질 수 있습니다.

변화의 첫걸음, 나에게 던지는 3개의 질문

잠시 모든 것을 멈추고, 거울을 보듯 솔직하게 나에게 질문을 던져보세요. 정답을 찾으려 애쓰지 않아도 괜찮습니다. 마음속에 떠오르는 생각을 가볍게 적어 보는 것만으로도 충분합니다.

지금 나에게 필요한 3개의 질문입니다.

1 나는 언제 가장 '나다운' 느낌이 드나요?

주변 상황을 잠시 잊고, 가장 편안하고 자연스러운 나의 모습을 떠올려 보세요.

예 누군가와 깊은 이야기를 나눌 때
계획 없이 혼자만의 시간을 보내며 몰입했을 때

2 어떤 순간에 가장 큰 에너지를 얻었나요?

시간 가는 줄 모르고 푹 빠졌던 경험, 나를 가장 즐겁게 만들었던 순간을 떠올려 보세요.

예 좋아하는 음악을 들으며 산책할 때
팀원들과 아이디어를 주고받으며 토론할 때

3 지금 바꾸고 싶은 나의 모습은 무엇인가요?

하고 나서 자꾸 후회하게 되는 행동이나 태도가 있나요?

예 작은 실수에도 나 자신을 지나치게 몰아붙이는 태도
하고 싶은 말이 있어도 쉽게 꺼내지 못하는 모습

이 세 가지 질문에 답했다면, 이미 변화의 첫 걸음은 시작된 것입니다. 이제 한 걸음 더 나아갈 차례입니다. 이 챕터의 마지막에는 나의 성향을 간단히 확인해 볼 수 있는 '성향 진단'이 담겨 있습니다. 시중의 많은 진단을 우리는 흔히 "헉 똑같아! 정확히 맞췄다!" 또는 "아닌데? 이건 나랑 안맞아."라며 정답 맞히기 게임처럼 활용합니다.

하지만 진단의 진정한 목적은 '내 성향에서 나타날 수 있는 다양한 모습'을 알아보는 데 있습니다. 나에게서 나타날 수 있는 반응을 미리 알고 있다면, 앞으로 선택할 수 있는 대응 방식이 훨씬 넓어지고 여유도 생기거든요. 그리고 그 차이는 현실에서 생각보다 크게 나타납니다.

나를 알면, 행동이 달라집니다

최빠름 팀장은 회의만 시작되면 속사포처럼 말을 쏟아냅니다. 늘 먼저 말하고, 팀원들의 말을 끊는 일이 잦았죠. 팀원들은 의견을 제시할 틈이 없어 점점 입을 닫았고, 회의는 토론이 아니라 발표처럼 흘러갔습니다. 회의실을 나선 최 팀장은 팀원들이 왜 이렇게 열정이 없냐며 답답해하지만, 정작 자신에게 원인이 있다는 것을 모르고 있습니다.

반면, 비슷한 성향의 김아름 팀장은 조금 다릅니다. 그 역시 말이 빠르고 주장이 강하지만, 자신의 성향을 스스로 잘 알고 있습니다.

회의 시작 전, 김 팀장은 가볍게 웃으며 말합니다.

"제가 딱 5분만 먼저 이야기할게요. 또 제 말만 하다 여러분 이야기 못 들을까 봐요."

그리고 실제로 시계를 확인하며 5분 안에 핵심을 정리하려고 노력합니다. 이 한마디와 작은 실천만으로도 분위기는 달라집니다. 단순히 말 많은 팀장이 아니라, 자신의 성향을 인식하고 조율하려는 사람으로 보이기 때문입니다.

물론 늘 매끄럽게 되는 것은 아닙니다. 말을 덧붙이고 싶은 순간이 오면 입이 근질거릴 때도 많습니다. 김 팀장은 그런 자신을 알기에, 몇 가지 장치를 미리 만들어 둡니다. 바꿀 수 없는 결정은 미리 충분히 설명하고, 의견이 필요한 사안은 바로 말하지 않고, 일부러 잠깐 멈추는 편입니다. 혹시 참지 못하고 말을 끊은 순간에도 그는 곧장 이렇게 덧붙입니다.

"아, 말씀마저 해주세요. 제가 너무 급했네요."

여전히 성급하지만, 그 안에서 방향을 바꾸려는 선택을 계속합니다. 매번 완벽하진 않아도 '알고 있고, 달라지려는 사람'은 확실히 다르게 느껴집니다. 그게 바로 조율입니다. 한 걸음씩 조절해 보는 작은 시도가 변화를 조금씩 만들어가기 때문입니다.

나를 이해하면, 우리의 관계도 달라집니다

가족 문제를 다루는 프로그램에 한 부부가 나왔습니다. 두 사람은 매번 똑같은 문제로 싸웠죠. 아내는 갈등이 생기면 바로 이야기해서 풀어야 했지만, 남편은 감정을 가라앉힐 시간이 필요했습니다. 그러다 보니 아내는 왜 자꾸 회피하냐며 몰아붙였고, 남편은 왜 못 싸워서 안달이냐며 맞받아쳤습니다.

사실 두 사람 모두 문제를 해결하고 싶어 했으나 방식이 달랐을 뿐입니다. 이처럼 성격이란 특정 상황에 놓였을 때 자연스럽게 나오는 반응의 차이입니다. 여기서 중요한 것은, 반응 자체가 아니라 그 반응을 어떻게 다루느냐입니다. 그러려면 먼저 내 성향을 이해하는 것이 중요하죠.

'아 나는 화가 나면 잠시 마음을 정리하고 나서 말하고 싶어 하는 구나.'

하지만 나의 스타일을 이해했다고 해서 그대로 바로 대응해 버리면, "이 상태에서 말해봤자 싸움밖에 더 되겠어? 나중에 이야기하자고."처럼 나만 있고 상대는 없는 대화가 됩니다.

따라서 진정한 개선을 위해서는 상대방의 스타일도 함께 이해하는 것이 중요합니다.

'아내는 불편한 일이 생기면 바로바로 털어내야 하는 스타일이구나.'

나와 상대를 함께 이해하면 내 주장만 앞세우는 대신, 상대를 고려한 말과 현실적인 대안을 함께 꺼낼 수 있습니다.

갈등 회피형인 남편은 이렇게 말해볼 수 있습니다.

"나는 감정이 격해지면 말이 잘 안 나와. 그래서 말하다가 오히려 더 실수하는 경우가 있더라고. 나도 이 상황을 잘 해결하고 싶은데, 지금의 감정으로는 제대로 이야기할 자신이 없어. 30분만 시간을 갖고 그때 다시 이야기하면 어떨까? 충분히 생각하고 제대로 이야기하고 싶어서 그래."

즉시 해결형인 아내는 이렇게 말할 수도 있죠.

"나는 불편한 마음이 생기면 바로 풀고 싶어. 그냥 넘기면 하루 종일 생각나고, 서로 안 좋은 감정을 계속 가지고 있어야 하잖아. 지금 바로 이야기하기 어렵다는 당신 마음도 이해해. 대신, 언제 이야기하면 좋을지 시간을 알려줄래? 그 시간을 알면 나도 조금 편하게 기다릴 수 있을 것 같아."

두 사람 모두 나만의 방식을 고집하지 않으면서도, 상대의 방식에 마냥 끌려가지도 않았습니다. 각자의 스타일을 인정하면서도, 대화를 이어갈 수 있는 현실적인 방법을 제시한 것이죠.

결국, 좋은 대화는 '내가 하고 싶은 방식'과 '상대가 받아들일 수 있는 방식' 사이의 접점을 찾는 일입니다. 그리고 그 접점은 거창한 변화가 아니라, 어떤 말로 풀어가느냐에서 시작됩니다.

예민함과 섬세함은 한 끗 차이

회의가 끝난 뒤, 팀장님이 툭 한마디를 던졌습니다.

"김 선임, A 건 문제 없는 거지?"

그 짧은 질문에 김 선임의 머릿속이 복잡해졌습니다. 평소보다 낮은 목소리 톤, 썩 밝지 않은 표정 등 사소한 변화를 감지하고, '왜 갑자기 저 이야기를 하지? 내가 회의 때 뭘 놓쳤나?'하며 한참을 고민합니다.

옆 자리 동료는 "그냥 확인차 물어보신 것 같아."라고 했지만, 불안은 쉽게 가시지 않았습니다. 나중에야 정말 별일 아니라는 걸 알았지만 그 별일 아닌 일을 두고 그는 한참을 걱정했습니다. 똑같은 상황에서 흔들리지 않는 동료와 달리, 김 선임은 자꾸만 생각이 많아집니다. 주변의 '편하게 살라'는 조언은 말처럼 쉽지 않습니다.

예민함은 결함이 아니라 고성능 감각

심리학에서는 이런 사람을 HSP(Highly Sensitive Person), 즉 외부 자극을 빠르고 깊게 받아들이는 '고성능 센서'를 달고 태어난 사람이라고 부릅니다. 이들은 남들이 흘려듣는 작은 소리, 무심히 지나치는 표정, 사소한 말투의 변화까지 더 빨리, 더 섬세하게 감지합니다. 다섯 명 중 한 명꼴로 이런 기질을 갖고 있다고 하니, 생각보다 흔한 특성이죠.

문제는 성능이 좋다 보니 정보가 너무 많이 들어온다는 겁니다. 보통 사람들은 신경 쓰지 않을 작은 표정 변화까지 모두 보이다 보니, 감정도 쉽게 출렁입니다.

따라서 핵심은 들어오는 정보를 전부 다 받아들이는 것이 아니라, 필요한 것만 골라 받아들이는 법을 배우는 것입니다. 예민함을 줄이는 것이 아니라, 무엇을 또렷하게 볼지 선택하는 것이죠.

좋은 카메라로 멋진 풍경을 담는 건 좋지만, 원치 않는 주름까지 선명하게 잡아낼 필요는 없으니까요.

내가 민감한 자극의 패턴 파악하기

예민한 감각을 잘 다루려면, 먼저 내가 어떤 자극에 민감한지 아는 것이 중요합니다. 사람은 모든 자극에 민감한 게 아니라, 각자 반응하는 포인트가 조금씩 다르기 때문입니다.

감각적 예민함, 몸이 먼저 반응하는 순간

옆자리 동료의 키보드 소리나 향수 냄새 등 소리, 냄새, 빛 같은 외부 자극에 남들보다 훨씬 빠르게 반응하는 것을 감각적 예민함이라고 합니다. 이럴 땐 '아, 내가 지금 이 소리에 예민하게 반응하고 있구나.' 하고 자신의 마음을 알아차리는 것이 중요합니다. 스스로를 탓하는 것이 아니라, 같은 자극이라도 나에게 더 크게 다가올 수 있다는 사실을 있는 그대로 받아들이자는 것입니다.

우리는 상대방을 탓하며 그 사람이 바뀌기만 기다리는 데 생각보다 많은 에너지를 씁니다. 그런데 내 마음을 먼저 들여다보면, 상대가 바뀌지 않아도 내 기분을 지킬 수 있는 방법을 찾게 됩니다. 결국, 내 기분을 내가 관리할 수 있게 되는 셈이죠.

꼭 모든 것을 말로 해결할 필요는 없습니다. 잠깐 자리를 비워 바람을 쐬거나, 창문을 열어 환기하는 것도 좋은 방법입니다. 때로는 말보다 더 센스 있는 행동이 답일 때도 있습니다. "이거 써봤는데 너무 편해서 하나 더 샀어요."라며 키보드 스킨을 슬쩍 건네보는 식이죠. 이렇게 조용히 상황을 바꾸는 행동이 생각보다 자연스럽고, 효과적일 때가 많습니다.

감정적 예민함, 마음이 먼저 흔들리는 순간

감정적 예민함은 마음으로 느끼는 자극에 더 민감한 경우를 말합니다. 누군가의 한마디에 마음이 크게 흔들리거나, 별 의미 없는 표정 하나가 하루 종일 머릿속을 맴도는 것처럼요. 이때 중요한 것은 무엇을 느끼느냐보다, 그걸 어떻게 받아들이느냐입니다.

열심히 준비한 프레젠테이션이 끝난 뒤 리더가 "오늘 발표 좋던데? 이번 영업팀 매출 기대해도 되겠어!"라고 칭찬했을 때, 예민하지 않은 사람들은 기뻐합니다. 하지만 감정적 예민함이 높은 사람은 '너무 기대하시면 나중에 실망하는 것 아닐까?' 하고 걱정부터 하게 되죠. 칭찬이 기쁨보다는 부담으로 먼저 다가오는 것입니다.

예민한 사람들은 이렇게 긍정적인 말 속에서도 불안 신호를 먼저 찾고, 아무 뜻 없는 말에서도 부정적인 의미를 끌어내곤 합니다. 이는 의지가 약해서가 아니라, 뇌가 위험을 먼저 감지하는 쪽에 익숙하기 때문입니다.

멘탈을 지키는 3단계: 나의 불안을 다루는 방법

이런 감정적 예민함 때문에 불안해질 때 스스로의 마음을 다독이는 다음의 3단계 방법을 활용해보세요.

// 1단계 // 내 감정 알아차리기

칭찬을 들었는데 기쁨보다 걱정이 먼저 든다면, 마치 남의 일인 것처럼 내 마음을 향해 툭 한마디 건네보세요.

'아, 내가 지금 '걱정' 이 앞서고 있구나. 칭찬을 있는 그대로 못 즐기고 무거운 숙제로 느끼고 있구나.'

이렇게 내 감정에 이름을 붙여 한 걸음 떨어져 보는 것만으로도 여유가 생깁니다.

// 2단계 // 관점 바꾸기

리더의 의도가 애매하다면 굳이 그 속에 숨겨진 부정적인 뜻을 캐내려 애쓸 필요 없습니다. 원래 예민한 사람들은 상대의 '숨은 뜻'을 찾느라 뇌 에너지의 80% 이상을 써버리곤 하기 때문입니다.

이럴 땐 차라리 '잘하고 있으니 지금처럼만 해달라는 응원이구나'라고 믿어버리는 것이 좋습니다. 이는 확인되지 않은 상대의 감정에 휘둘리지 않고 내 페이스를 지키는 것입니다.

이렇게 불필요한 감정 소모를 줄여야, 비로소 다음 행동에 집중할 진짜 힘이 생기기 때문입니다.

// 3단계 // 담백하게 대답하기

이제 복잡한 생각은 멈추고, 지금의 긍정적인 상황을 있는 그대로 받아들이는 담백한 대답으로 대화를 마무리하면 됩니다.

"감사합니다. 계획대로 잘 이어가겠습니다."

"좋게 봐주셔서 감사합니다. 지금 흐름을 유지하겠습니다."

핵심은 아직 오지 않은 부정적인 미래를 먼저 떠올리지 않는 것입니다. '기대한다'는 말에는 나를 인정하는 좋은 뜻도 분명히 들어있으니까요.

뾰족한 감정 대신, 건강한 마음을 전달하는 법

3단계 방법으로도 마음의 불편함이 해소되지 않고 계속 걸린다면, 솔직하게 전달하는 것도 필요합니다.

단, 감정을 그대로 쏟아내기보다 상대가 방어적으로 느끼지 않도록 건강하게 표현하는 것이 중요합니다. 이때 도움이 되는 것이 바로 '나 전달법(I-message)'입니다.

나 전달법은 네가 잘못했다는 비난 대신, 그 행동이 나에게 어떤 기분을 주었는지를 솔직하게 전하는 방법입니다.

대화를 막는 '너 전달법'(비난)

(✕) "너 나랑 이야기하는 거 재미없어?"

(✕) "왜 자꾸 핸드폰만 봐?"

이 두 문장의 공통점은 '너'를 주어로 삼아, 문제의 원인을 상대에게서 찾고 있다는 점입니다. 겉으로는 질문의 형식을 띠고 있지만, 사실 대화를 가로막는 뾰족한 말이죠.

첫 번째 문장은 상대방의 마음을 멋대로 추측해 재미없어 한다고 단정 짓고 있습니다. 이런 말을 들으면 상대방은 "아니, 왜 그런 말을 해?"라며 방어부터 하게 됩니다. 두 번째 문장은 왜 그러냐고 따지는 뉘앙스라, 상대는 내 마음을 헤아리기보다는 "그냥 잠깐 확인한 건데?"라며 해명부터 하게 되죠.

결국 이런 말은 상대의 마음을 여는 대신, 변명과 방어심만 키우게 됩니다. 그러다 보면 정말 전하고 싶었던 진심은 뒤로 밀려나고, 관계만 불편해집니다.

마음을 연결하는 '나 전달법'(솔직한 감정)

- **상대방의 행동:** 네가 계속 핸드폰을 보니까
- **내 생각/영향:** 내가 하는 이야기가 재미없나 하는 생각이 들어서
- **내 감정:** 조금 서운했어.

⬇

"네가 계속 핸드폰을 보니까, 나랑 이야기하는 게 재미없나 생각되어 조금 서운했어."

이렇게 말하면 대화의 초점은 상대방의 잘못에서 내 감정으로 자연스럽게 옮겨갑니다. 상대는 비난을 받는다는 압박감 대신 내 솔직한 마음을 듣게 되고, 그 덕분에 자신의 이유나 상황을 설명할 기회를 얻습니다. 나 또한 날카로운 감정을 쏟아내고 뒤돌아 후회하는 실수를 줄이면서도, 내가 하고 싶은 말은 충분히 전할 수 있게 됩니다.

이런 예민한 감각이 가장 빛을 발하는 순간은, 상대가 말하지 않은 마음을 읽고도 부담을 주지 않게 반응할 때입니다. 가벼운 일상에서도 이런 장면은 자주 찾아옵니다.

"파스타 어때?"

친구들과 점심 배달 메뉴를 고르던 중, 친구가 물었습니다. 사실 별로 내키지 않았지만, 저는 습관처럼 "좋아."라고 대답했죠. 그런데 친구가 바로 말을 바꾸더군요.

"떡볶이는?"

"좋아."

"오케이, 그럼 떡볶이 하자."

"파스타 시키려던 거 아니었어?"

"파스타는 패스. 너 아까 잠깐 멈칫했거든. 너 원래 싫어도 맞춰주는 스타일이잖아."

친구는 잠깐의 멈춤 하나로 제 속마음을 읽어낸 것입니다. 더 놀라운 것은, 친구가 그럼 네가 고르라며 선택을 넘기거나 파스타가 별로냐며 캐묻지도 않았다는 점입니다. 그저 아무렇지 않게, 완전히 다른 메뉴로 자연스럽게 분위기를 바꿨습니다.

이러한 센스는 직장에서도 강력한 자산이 됩니다. 예를 들어 타 부서와 미팅할 때, 상대방의 업무 스타일을 미리 파악해 대응할 수 있죠.

"팀장님께서 시장의 반응을 실시간으로 확인하는 것을 중요하게 생각하시는 만큼, 이번에는 온라인 마케팅 데이터 위주로 준비했습니다."

이렇게 말하면, 단순히 일을 잘하는 사람을 넘어 상대를 배려하는 사람이라는 인상을 줍니다. 내가 읽어낸 상대의 니즈를 대화 속에 슬쩍 녹여낼 때, 상대는 존중받는다는 기분을 느끼고 나를 향한 신뢰도 한층 더 깊어집니다.

현장에서 발휘되는 센스, 위기의 유연한 해결사

미팅 현장에서 상대방이 갑자기 말이 없어지거나 제안서의 특정 부분을 보며 미세하게 인상을 찌푸리는 등 예상치 못한 반응을 보일 때가 있습니다. 이때 "혹시 마음에 안 드는 부분이 있으세요?"라고 직설적으로 묻는다면, 상대는 부담을 느끼고 솔직한 답을 피할 확률이 높습니다.

하지만 '센스' 있는 사람은 다릅니다. 이들은 눈치챘다는 티를 내지 않고 상대의 마음을 읽어 대응합니다. 굳은 표정을 보고 '제안서의 이 부분, 예산이 너무 많이 들어가는 것 같아 부담스러워하는구나.' 하고 속으로 유추하는 것이죠.

그러고는 마치 미리 생각해왔던 것처럼 태연하게 플랜 B를 제시합니다.

"팀장님, 모든 인원을 수용하고 조건들을 모두 만족시키려면 A 리조트가 가장 좋습니다. 혹시 예산 효율을 고려해서 워크숍을 두 그룹으로 나눠 진행하는 것도 괜찮으시다면 B 호텔도 좋은 옵션이 될 것 같습니다. B 호텔은 예산을 20% 절감할 수 있고, 즐길 수 있는 시설도 많아서 팀원 만족도가 높을 것입니다. 둘 중 어떤 안을 더 중요하게 생각하시는지에 따라 결정하면 좋을 것 같습니다."

이 대화의 힘은 상대의 불편함을 굳이 입 밖으로 꺼내지 않고도, 망설이는 부분을 자연스럽게 해결해 주었다는 데 있습니다.

이처럼 예민함은 상대의 작은 신호까지 놓치지 않고, 복잡한 상황을 부드럽게 풀어내는 강력한 '전략적 무기'가 될 수 있습니다.

베풀수록 마음만 다친다면, 호의가 호구가 되지 않게

"창민 씨, 이것 좀 도와주실 수 있어요?"

창민 씨는 정말 거절이 어렵습니다. 분명 물어보는 말이었지만, 상대의 표정에는 이미 미안함과 간절함이 묻어 있었죠. 하지만 창민 씨도 내일 마감인 업무로 눈코 뜰 새 없이 바빴습니다. 선뜻 대답하기는 힘들었죠.

망설이는 사이, 상대의 눈빛은 더 간절해지고, 결국 창민 씨는 "해볼게요."라고 답하고 말았죠. 그 순간, '바쁩니다'라는 말 한마디가 왜 그렇게 어려웠을까요. 거절하지 못한 자신이 답답하기만 합니다. 결국 그 한마디의 대가로 퇴근은 한 시간이나 늦어지고 말았습니다.

거절이 어려운 우리의 속마음

모두가 창민 씨처럼 거절을 힘들어하는 것은 아닙니다. 하지만 관계를 중시하고 타인의 기분에 민감한 사람일수록 그 한마디가 쉽지 않습니다.

심리학에서는 이런 성향을 '대인수용성'이라고 부릅니다. 쉽게 말해 부탁을 잘 받아들이고 갈등을 피하려는 마음이 큰 것입니다. 그래서 부탁을 받으면 그냥 흘려보내지 못하고, 웬만하면 들어주려 노력합니다.

하지만 좋은 마음이 언제나 좋은 결과로 이어지는 것은 아닙니다. 나의 시간과 에너지도 한정되어 있기 때문에, 무리한 부탁까지 떠안다 보면 결국 내가 먼저 지치고 맙니다. 더 허무해지는 순간은 최선을 다해 도와줬음에도 상대가 이를 당연하게 받아들일 때입니다. 그때 밀려오는 씁쓸함은 '내가 왜 그랬을까' 하는 자책으로 번지기도 하죠. 그래서 좋은 마음으로 시작했다가, 결국 '다음엔 꼭 단호하게 거절하리'라는 씁쓸한 다짐으로 끝나기도 합니다.

마음이 보내는 위험 신호, 나를 위한 3가지 질문

어색해질까 봐 덜컥 부탁을 승낙하고 뒤늦게 후회한 경험, 누구나 있을 것입니다. 우리는 상대가 나의 곤란함을 눈치채 주길 바라지만, 현실적으로 타인이 내 마음을 먼저 헤아리기는 어렵습니다. 때로는 알면서도 부탁하기 어려워질까 봐 모른 척하기도 하죠. 결국 내 마음과 에너지를 지킬 수 있는 건 나 자신뿐입니다. 호의와 부담 사이에서 감정에 휩쓸리지 않으려면, 부탁받은 순간 잠시 멈추고 다음 3가지 질문을 던져봐야 합니다.

1 지금 나에게 여유가 있는가?

동료의 부탁을 들어주다 정작 내 일을 놓칠 뻔한 경험이 있다면, 이 질문이 특히 필요합니다.
내 할 일과 남은 시간을 현실적으로 따져보세요. 직장에서는 언제든 돌발 업무가 생길 수 있다는 사실을 잊어서는 안 됩니다. 무리하게 부탁을 승낙하면, 작은 변수에도 흔들릴 수 있습니다. 여유가 전혀 없다면, 그 부탁은 잠시 미루거나 다른 방식을 제안해야 합니다.

2 꼭 내가 해야만 하는가? (대안은 없는가?)

유독 나에게만 일이 몰린다면, 이 질문이 필요합니다.
정말 '내가 아니면 안 되는 일'인지, 아니면 단지 습관적으로 나에게 맡겨온 것인지 점검해 보세요. 다른 사람이나 시스템으로도 해결될 수 있다면, 정중하게 그 방향을 안내하는 것이 필요합니다.

3 혹시 상대가 고마워하지 않아도 내 기분이 괜찮을까?

누군가를 도울 때 우리는 무의식 중에 작은 기대를 품곤 합니다. 하지만 상대는 내 기대만큼 고마움을 표현하지 못할 때도 많죠. 그럴 때 기대는 서운함으로 바뀌고, 그 마음이 조금씩 쌓이다 보면 어느 순간 "내가 너한테 어떻게 했는데!"라며 참았던 감정이 터져 나오기도 합니다.

그래서 누군가를 도울 때는 내가 진심으로 마음을 내어줄 수 있는 만큼만 돕는 것이 서로에게 가장 좋습니다. 나를 지나치게 소모하면서까지 돕다 보면, 나도 모르게 '알아줬으면 하는 마음'이 생겨 오히려 관계가 서먹해지는 원인이 되기도 하니까요. 결국 내 마음이 편안해야 상대와의 관계도 더 건강하고 기분 좋게 이어질 수 있습니다.

만약 앞의 세 가지 질문에 모두 긍정적인 답이 나오지 않는다면, 그때는 정중하게 거절해야 합니다. 지금의 무리한 배려보다, 적절한 거리를 지키는 것이 서로의 관계를 더 오래 지켜주는 길이기 때문입니다.

관계는 지키고, 거절은 똑똑하게

나만의 거절 기준이 명확해졌다면, 이제는 그 마음을 상대에게 어떻게 전달할지 고민해 볼 차례입니다. 내 진심이 왜곡

되지 않으면서도 서로의 마음이 다치지 않는 적절한 대화법이 필요하니까요.

특히 상대가 구체적인 설명 없이, "시간 있어요?" 또는 "혹시 잠깐 도와줄 수 있어요?"라고 먼저 물어올 때가 가장 난감합니다.

이때 바로 거절해 버리면, 상대는 내용을 들어보지도 않고 거절한다며 서운함을 느낄 수 있으니까요. 반대로 시간이 된다고 답했다가, 막상 부탁 내용을 듣고 뒤늦게 거절해야 할 때는 더 곤란해지기도 하죠.

내 사정을 먼저 말하고, 상대의 용건 묻기

나를 지키면서 관계도 지키려면 '내 사정을 먼저 말한 뒤, 상대의 용건을 묻는' 순서가 가장 현명합니다. 보통은 거절하기 미안한 마음에 "무슨 일인데요?"라고 용건부터 묻곤 하지만, 이런 배려가 때로는 생각지 못한 오해의 시작이 되기도 합니다.

내 상황을 충분히 밝히지 않은 채 용건부터 물으면, 상대는 본능적으로 '가능할 것'이라는 기대를 품게 되거든요. 그런 상태에서 거절의 말을 들으면 상대는 자신의 부탁이 '내용' 때문에 거절당했다고 오해하기 쉽습니다.

그래서 현재 여유가 부족하다는 것을 먼저 말하는 것이 중요합니다.

"제가 지금 급히 마무리해야 할 업무가 있긴 한데, 혹시 어떤 일 때문에 그러세요?"

그저 이렇게 말의 순서만 바꾸어도 충분합니다. 단칼에 거절하는 차가운 느낌을 주지 않으면서도, 내 상황을 정중하게 전달할 수 있으니까요.

잘못된 거절의 순서

친구: "내일 저녁 시간 돼?"
나: "왜?"
친구: "민우랑 도진이랑 만나기로 했거든. 신사동 OO갈비에서."
나: "아, 미안. 나 바빠서 못 갈 것 같아."

↓

상대 속마음

'멤버가 별로여서 안 오는 건가?'

현명한 거절의 순서

친구: "내일 저녁 시간 돼?"
나: "아, 나 내일 마감 업무라 야근할 것 같은데, 무슨 일이야?"
친구: "민우랑 도진이랑 만나기로 했거든."
나: "아쉽다. 상황 봐서 가능해지면 꼭 이야기할게."

↓

상대 속마음

'많이 바쁘구나, 아쉽네.'

직장뿐 아니라 일상의 가벼운 약속에서도 마찬가지입니다. 내 상황부터 먼저 말해두면, 상대는 '오기 싫은 건가?'라고 오해하는 대신 '시간이 안 맞는구나'라고 상황을 있는 그대로 받아들이게 되죠. 말의 순서만 바꿔도 불필요한 오해를 줄일 수 있습니다.

• '5분의 여유'를 버는 단계적 거절

거절이 어려운 사람들은 방법을 알고 있어도 막상 상대의 난처한 눈빛을 보면 쉽게 말이 나오지 않습니다. 이럴 때는 '단계적 거절'이 가장 현실적인 방법입니다.

"제가 지금 급히 처리할 업무가 있어서요. 확인해보고 5분 안에 말씀드려도 될까요?"

이 짧은 시간 벌기에서 중요한 건 두 가지입니다.

첫째, 내가 바쁘다는 상황을 먼저 알리는 것

둘째, 언제 다시 이야기할지 시간을 분명히 말하는 것

그리고 5분 동안 앞의 세 가지 기준을 떠올려 보면 됩니다. 이렇게 잠깐 멈춰서 생각하면 나중에 후회하는 일도 줄고, 거절 멘트도 훨씬 준비된 상태에서 말할 수 있습니다. 상대 역시 '지금은 상황이 여의치 않다'는 나의 메시지를 한 번 전달받은

상태가 되기에, 이후의 답변을 조금 더 차분하게 받아들일 수 있게 됩니다.

• 말이 어렵다면, 글로 전하는 정중한 거절

대면으로 거절하는 것이 너무 어렵다면 문자나 메신저처럼 나에게 더 편한 방법을 선택해도 괜찮습니다.

"제가 최대한 방법을 찾아보았는데, ○○ 때문에 어려울 것 같아요. 도와드리고 싶었는데 아쉽네요."

사실 거절이 힘든 진짜 이유는 '방법을 몰라서'가 아니라, 상대의 실망 어린 시선을 차마 마주하기 어려워 말이 입 밖으로 나오지 않기 때문입니다.

따라서 나에게 가장 부담이 덜한 방식을 고르는 것이 오히려 더 현명하고 현실적인 선택이 될 수 있습니다.

당연한 '예스'가 아닌, 가치를 담는 '예스'

모든 도움에는 비용이 따릅니다. 바쁜 시간을 쪼개고, 내 에너지를 기꺼이 나눠주는 나의 수고가 들어가는 일이죠. 도와

주기로 결정했다면, 그 마음에 담긴 무게를 상대에게 전달할 필요가 있습니다.

겉으로는 흔쾌히 "네, 알겠어요."라고 답한 뒤, 속으로는 '말하지 않아도 내 노력을 알아주겠지.' 하고 기대합니다. 그러다 상대가 별다른 고마움을 표현하지 않으면 '내가 자기한테 어떻게 해줬는데!'라는 억울함이 터지기도 합니다.

그러나 상대 입장에서는 내가 어떤 상황에서 도와줬는지 모를 수 있습니다. 겉으로는 너무나 흔쾌히 들어준 것처럼 보였으니까요. 이런 상황에서 뒤늦게 서운함을 표현하면, 상대는 '생색'으로 느끼기 쉽습니다.

따라서 수락하기 전, 미리 내 상황을 말해주는 것이 중요합니다. 내가 어떤 상황인지, 그럼에도 불구하고 왜 도와주기로 했는지를 솔직하게 말해주는 겁니다.

"지금 마감 기간이라 여유가 없긴 하지만, 대리님 부탁이니까 어떻게든 시간 내볼게요."

이처럼 수락하기 전에 내 상황을 미리 공유하는 것만으로도, 상대도 '쉽지 않은 상황인데도 도와주는구나.' 하고 나의 배려를 온전히 느낄 수 있습니다. 그리고 나 역시 부담 없이, 기분 좋게 도와줄 수 있습니다.

Theme 2.

관계 속 갈등 해결: 나와 너의 대화

혼자가 편한 내향형의 관계 맺기

"이번에 회사에서 취업 준비생 300명을 대상으로 취업 토크 콘서트를 하는데, 선배 패널로 참여해줄 수 있나요? 대신 휴가 하루를 드립니다."

이런 제안을 받았을 때 사람들은 대개 세 가지 반응을 보입니다.

① "오 재밌겠는데!"

② "300명이라니 난 못 해. 사람들 앞에 서는 건 정말 너무 떨려."

③ "하면 하겠지만, 굳이 나서고 싶지는 않아."

이 세 가지 반응에는 외향적, 내성적, 내향적이라는 서로 다른 특징이 숨어있습니다. 흔히 MBTI의 E(외향형)와 I(내향형)를 '사람들 앞에서 말을 잘하는 사람'과 '못하는 사람'으로 단순하게 생각하지만, 실제 차이는 능력이 아닌 에너지를 얻는 방식에 있습니다.

일상 속 작은 선택의 비밀: 에너지를 얻는 방식

외향형과 내향형의 차이는 일상 속 아주 작은 선택에서부터 드러납니다. 갑자기 자유로운 시간이 생겼을 때, 이 시간을 어떻게 쓰고 싶으신가요? 어떤 이는 설레는 마음으로 약속을 잡으려고 휴대폰을 열 수도 있고, 또 어떤 이는 집에서 책이나 영화를 고르며 혼자 여유롭게 보내는 상상을 할 수도 있습니다.

외향형은 새로운 장소나 다양한 사람들과 어울리는 만남에서 에너지를 얻습니다. 이들에게 만남은 '충전'입니다. 그래서 새로운 제안에 "오, 재밌겠는데!"라는 반응이 자연스럽습니다.

반면 내향형은 조용하고 익숙한 공간에서 혼자만의 시간을 가질 때 비로소 에너지가 충전됩니다. 이들에게 모임은 충전이 아닌 '배터리를 꺼내 쓰는 시간'입니다. 즐거운 시간이었을지라도 집에 돌아오면 금세 방전되곤 하죠. 그래서 "하면 하겠지만, 굳이 나서고 싶진 않아."라는 반응이 나온 것입니다.

저 역시 수백 명 앞에서 강의하는 직업 덕분에 외향형으로 오해받지만, 사실은 '극I(내향형)'입니다. 사람들을 만난 뒤에는 반드시 혼자만의 시간을 가지며 충전을 해야 다시 일상으로 나갈 힘을 얻기 때문이죠.

내향성 ≠ 내성적 성향

이쯤 되면 '내향형은 사람들 앞에 서는 걸 어려워하는 사람'이라고 생각하기 쉽습니다. 하지만 남들 앞에 섰을 때 유독 떨리고 긴장되는 것은 내향성보다는 '내성적 성향' 때문인 경우가 많습니다. 내성적 성향은 다른 사람의 시선을 의식하거나 나의 생각과 감정을 다른 사람 앞에서 드러내는 데 심리적 부담을 느끼는 상태를 말합니다.

내향성과 내성적 성향은 함께 나타날 수도, 따로 나타날 수도 있습니다.

- **내향적 + 내성적**: 사람들 앞에서 말하는 것이 부담스럽고, 동시에 에너지도 금세 소모되어 지치기 쉽습니다.
- **내향적 + 내성적이지 않음**: 사람들 앞에 서는 것은 어렵지 않지만, 에너지가 많이 소모됩니다. 앞서 나온 '할 수는 있지만 굳이 하고 싶진 않다'는 반응이 바로 이런 경우입니다.

'나'를 정확히 아는 것이 관계의 시작입니다. 내가 못하는 것인지, 혹은 그저 에너지를 아끼고 싶은 것인지를 구분해 보세요. 나에게 맞는 속도와 방식을 찾을 때, 타인과의 관계도 비로소 편안해집니다.

찰나의 순간을 활용하는 직장 내 관계 맺기

혼자가 편한 사람에게 직장 내 관계는 늘 어려운 과제입니다. 내향적인 사람은 금세 지치기 쉽고, 내성적인 사람은 자신을 드러내야 한다는 부담을 느끼기 때문입니다. 하지만 꼭 길고 깊은 대화가 아니어도 괜찮습니다. 엘리베이터를 기다리거나 커피를 주문하는 '찰나의 순간'만 잘 활용해도 충분합니다.

그러나 실제로는 이 시간을 그냥 흘려보내는 경우가 많습니다. 대부분 가볍게 인사만 하고 곧바로 휴대폰을 들여다보니, 대화가 시작되기도 전에 끊겨버리죠. 상황별로 한 번 볼까요?

인사만 하는 경우

나: (선배 발견)"안녕하세요, 선배님."

선배: "네, 안녕하세요."

(각자 휴대폰을 꺼내 듭니다.)

➡ 대화는 여기서 끝납니다.

질문만 하는 경우

(마음속으로 '그래, 스몰토크 한 번 해보자!')

나: "주말 잘 보내셨어요?"

선배: "네, 잘 보냈어요. 철영 씨는요?"

나: "네, 저도 잘 보냈어요."

➡ 어색한 침묵이 흐릅니다.

그래서 이럴 때는 질문만 하는 것이 아니라 나의 정보를 먼저 덧붙이는 것이 효과적입니다.

“주말 잘 보내셨어요?” 대신 “벌써 여름인가봐요. 주말 내내 뜨겁더라고요. ○○님은 주말 잘 보내셨어요?”라고 대화를 시작하는 것이죠.

이처럼 나의 정보를 한 줄만 덧붙여도 “네, 잘 보냈어요.”라는 단답형 대답으로 대화가 뚝 끊기지는 않습니다. 적어도 날씨에 대한 이야기라도 이어질 수 있는 연결고리가 생기기 때문입니다.

만약 선배가 “주말에 양평 다녀왔는데, 정말 덥더라고요.”라고 했다면, 선배 말에서 대화를 이어갈 키워드를 찾으면 됩니다. ‘양평’과 ‘덥다’라는 두 개의 단서가 생긴 셈이죠. 이 단서 중 하나를 골라 가볍게 반응만 해줘도 대화는 자연스럽게 이어집니다.

✳ **양평을 단서로** – “오, 양평요? 나들이 다녀오셨나 봐요.”

✳ **날씨를 단서로** – “맞아요. 다음 주엔 더 덥다고 하더라고요.”

이런 짧은 대화만으로도 충분합니다. 어색하게 서 있다가 그 시간을 그냥 흘려보낼 때보다 서로에게 훨씬 긍정적인 이미지가 남게 됩니다. 이처럼 상대의 말만 잘 활용해도, 내가 먼저 새로운 화제를 꺼내야 한다는 부담에서 벗어날 수 있습니다. 사실 찰나의 순간이 좋은 진짜 이유는 대화의 시간이 정해져 있기 때문입니다. 엘리베이터가 도착하거나 커피가 나오면 자연스럽게 대화를 마무리할 수 있죠.

직장 관계는 꼭 절친이 될 필요는 없습니다. 이런 찰나의 순간들에 긍정적인 이미지를 쌓는 것만으로도 충분합니다.

찰나를 넘어, 관계의 깊이 더하기

찰나의 순간을 넘어서, 더 긴 대화를 이어가야 할 때도 있습니다. 이때는 내향인만의 강점인 '깊이'를 활용하면 됩니다. 내향적인 사람은 말수가 적더라도 경청을 잘하고, 자신이 좋아하는 주제에 깊이 몰입하기 때문에 대화를 풍성하게 만듭니다.

그러니 억지로 맞장구치기보다, 상대방의 이야기를 경청하며 내 시선으로 질문을 해보면 좋습니다.

// 1단계 // 상대 화제에 '내 시선' 담기

이야기를 나누다 보면, 상대가 나와는 전혀 무관한 주제를 꺼낼 때가 있습니다. 예를 들어 "골프 치고 왔다"라는 말을 들었는데, 나는 골프에 대해 아는 게 하나도 없는 경우죠. 이럴 때 굳이 억지로 아는 척 하며 맞장구칠 필요는 없습니다. 모르는 내용을 억지로 따라가기보다, 내가 궁금한 점을 내 시선에서 질문하는 것이 훨씬 자연스럽습니다.

대화가 어려워지는 경우

동료: "주말에 골프 치고 왔는데, ~"

나: "오, 잘 치셨어요?"

이렇게 물으면, 상대는 몇 타를 쳤는지, 코스가 어땠는지 등 골프에 대한 세부적인 이야기를 이어가기 쉽습니다. 골프를 모르는 나로서는 대화가 점점 더 어려워질 뿐이죠. 그래서 이럴 때는 나의 솔직한 시선을 담아 질문의 방향을 바꿔보면 좋습니다.

1) "저는 아직 엄두가 안 나서 못 배우고 있어요. 처음에 어떻게 시작하셨어요?"

➡ 내가 모른다는 사실을 솔직하게 밝히면서, 상대와 나 사이의 '처음'이라는 공통점을 찾아내는 질문입니다. 상대는 골프의 규칙이 아니라, 누구나 겪었던 초보 시절의 에피소드를 편안하게 들려주게 됩니다.

2) "저는 운동 신경이 별로 없어서 걱정이에요. 직접 해보니까 어떠세요?"

➡ 내가 모르는 골프 기술 대신, '운동 신경과 골프'로 대화의 포인트를 바꿉니다. 상대에게도 자연스럽게 조언을 구할 수 있죠.

// 2단계// ——— 상대 이야기에서 내 관심 키워드 찾기

상대의 이야기가 내가 관심 있는 주제가 아니라면, 자연스럽게 내가 관심 있는 키워드로 대화를 연결해 보세요.

동료: "주말에 골프 치고 왔는데, 진짜 재밌더라고."

1) "오, 골프 치신 지 오래되셨어요? 원래 운동하는 거 좋아하세요?"

➡ 골프라는 하나의 종목에서 '운동'으로 키워드를 옮긴 경우

2) "골프 치러 먼 곳까지도 많이 다니시더라고요. 원래 여행 다니는 것도 좋아하세요?"

➡ 골프라는 활동에서 '여행'이라는 키워드로 연결한 경우

이처럼 상대의 화제를 내가 잘 아는 주제로 연결하면, 억지로 맞장구치지 않아도 즐겁게 대화를 이어갈 수 있습니다.

내가 관심 있는 주제 안에서 상대의 이야기를 듣는 것, 이것이 내향인에게 부담 없는 가장 편안한 소통 방법입니다.

이성적인 사람들의 딜레마 "너 T야?"

"그랬구나. 그랬었구나."

이성적인 사람들이 나름 공감해보려고 꺼낸 말이지만, 듣는 사람에게는 영혼 없는 멘트처럼 들릴 때가 있습니다. 목소리도 표정도 건조해서 마치 기계가 하는 말처럼 느껴지죠.

하지만 이성적인 사람들도 조금은 억울합니다. 논리적인 그들에게 공감은 여전히 낯선 영역이거든요. 힘들었겠다고 말은 하지만, 머릿속으로는 이미 '왜 이런 일이 생겼지?', '어떻게 해결하면 좋지?'라며 상황을 분석하고 있습니다.

그러다 보니 "너 T야?"라는 말을 듣고, 차가운 사람으로 오해받기도 합니다.

하지만 겉으로 냉정해 보여도 마음까지 차가운 것은 아닙니다. 단지 공감을 표현하는 방법이 다를 뿐입니다.

공감의 목표: 감정 해소 vs 문제 해결

이성적인 사람과 감정적인 사람이 엇갈리는 건 단순히 말투 때문만이 아닙니다. '공감'을 대하는 관점 자체가 다르기 때문입니다.

감정적인 사람에게 공감은 '내 마음을 알아주는 것'입니다. 해결책이 없어도, 그 감정을 함께 느껴주는 것 자체로 위로가 됩니다. 반면 이성적인 사람에게 공감은 '상황을 해결해주는 것'에 가깝습니다. 감정을 하나의 정보로 보고, 문제를 정확히 파악해 정리하는 데 집중하죠.

두 방식 모두 틀린 것은 아닙니다. 다만, 감정을 먼저 챙겨야 하는 사람과 해결을 먼저 생각해야 하는 사람이 있을 뿐입니다.

이성적인 사람의 솔직한 생각

① 감정은 오래 붙잡고 있을수록 손해다

이성적인 사람들은 감정을 오래 붙잡고 있을수록 손해라고 느낍니다. 따라서 누군가 하소연을 하면, '이미 끝난 일인데, 계속 생각해봤자 뭐가 달라질까? 그냥 빨리 잊는 게 낫지 않을까?'라는 생각이 먼저 들죠.

몇 달 동안 주말까지 반납하고 준비했던 대형 입찰 프로젝트가 결국 탈락해 동료가 속상해 할 때, 이성적인 사람은 뭐라고 말했을까요?

"어쩔 수 없지 뭐. 이미 결과는 나왔고 바꿀 수 없잖아. 거기에 계속 매달려봤자 시간 낭비고 너만 힘들어. 빨리 털어내는 게 나아."

사실 이 말은 '괜히 더 상처받지 않았으면' 하는 걱정에서 나온 말입니다. 하지만 듣는 사람 입장에서는 무심하게 느껴지죠. 아직 마음이 정리될 만큼 감정이 식지 않았기 때문입니다.

심리학에서는 우리의 사고가 '감정 → 이성'의 두 단계를 거친다고 말합니다.

| 먼저 감정이 자동으로 반응하고,

| 그다음 이성이 상황을 정리하고 판단한다.

문제는 누구에게나 일어나는 과정이지만, 사람마다 그 속도가 다르다는 것입니다.

| 이성적인 사람은 이 단계를 아주 빨리 넘어가고,

| 감정적인 사람은 감정을 충분히 느껴야 비로소 넘어갑니다.

그래서 이성적인 사람이 "그만 속상해해."라고 하면, 감정적인 상대는 서운함을 느낍니다.

'나도 안 그러고 싶은데 안 되는 걸 어떻게 하라고.'

결국 둘의 차이는 감정에서 이성으로 회복하는 속도입니다. 이성적인 사람에게 이미 지나간 일이, 감정적인 사람에겐 아직 한창 진행 중일 수 있으니까요.

② 이게 이렇게까지 큰 일인가?

감정에서 빠르게 벗어난 이성적인 사람은 이제 한 걸음 물러나서 상황을 바라봅니다.

'지금 이렇게까지 속상할 일인가? 아니면 내가 너무 크게 느끼는 건가?'

심리학에서는 이를 '인지적 거리두기'라고 부릅니다. 감정에서 살짝 떨어져 상황을 더 냉정하게 바라보는 능력으로, 이 덕분에 이성적인 사람은 감정에 오래 머물지 않고 빠르게 일상으로 돌아옵니다.

하지만 이런 태도가 종종 오해를 부르기도 합니다.

고객사의 명백한 실수였는데도, 분위기상 동료가 사과를 해야 했습니다. 마음이 상한 동료에게 이성적인 사람은 나름의 위로를 건넵니다.

"무작정 다시 하라고 하는 곳들도 있는데, 그래도 결과적으로 다시 안 해도 되니 다행이네."

이성적인 사람에게는 꽤 현실적인 위로지만, 감정적인 사람에게겐 무심하게 들립니다. 상황은 해결됐을지 몰라도, 상처받은 마음은 전혀 해결되지 않았기 때문입니다.

이처럼 이성적인 사람은 '결과'를 기준으로 생각하고, 감정적인 사람은 '마음'을 기준으로 생각합니다. 둘 중 어느 쪽이 맞고 틀린 게 아닙니다. 그냥 중요하게 여기는 기준이 다를 뿐이죠.

이성적인 사람의 진심을 전하는 분석적 공감법

이성적인 사람의 진심을 제대로 전하려면 타이밍이 중요합니다. 상대가 감정적으로 흔들릴 때 건네는 조언은, 아무리 도와주려는 마음이라도 비난이나 무관심으로 들리기 쉽거든요. 감정이 요동칠 때는 이성의 스위치가 잠시 꺼져 아무리 옳은 말도 귀에 들어오지 않기 때문입니다. 따라서 감정을 다루는 순서가 필요합니다.

// 1단계 // 감정의 원인 함께 찾기

이성적인 사람은 상대의 말이 끝나기도 전에 상황을 판단하려 하는데, 그 빠른 판단이 오히려 상대의 감정을 덮어버릴 수가 있습니다.

예를 들어 친구가 "남자친구가 나한테 마음이 식은 것 같아. 연락도 늦고."라고 말했을 때, "너가 괜히 예민하게 생각하는 거 아니야?"라고 반응하면 친구의 감정이 잘못된 것처럼 느껴집니다.

대신, 감정을 부정하지 않으면서 그 이유를 함께 찾아보는 질문을 건네는 것이 좋습니다.

"왜? 평소랑 뭐가 달라졌어?"

이 질문은 친구의 감정을 인정하며, 그 마음이 어디서 시작됐는지 함께 살피는 계기가 됩니다. 억지로 공감을 흉내 내지 않아도 괜찮습니다. 결론을 서두르지 않고 감정이 생긴 이유부터 들여다보면, 상대도 스스로 마음을 정리할 여유를 갖게 됩니다. 공감은 거창한 말이 아니라, 먼저 들어보겠다는 의지에서 시작됩니다.

// 2단계 // —————————— 감정의 이유 인정하기

1단계를 통해 마음을 조금 열게 된 친구가 이야기를 이어갑니다.

"예전엔 내 이야기 잘 들어줬는데, 요즘은 반응도 없고 건성으로 대답하는 것 같아."

바로 이때, 이성적인 사람은 본능적으로 '이게 그렇게까지 불안해할 일인가?'라며 감정의 강도를 낮추는 말을 하고 싶어집니다.

(✕) "요즘 일이 바빠서 그런 거 아니야? 그래도 꾸준히 만나잖아."

나름의 위로겠지만, 듣는 사람에게는 '그 정도로 서운해할 일은 아니잖아.'라는 말로 들려 감정 자체를 인정하지 않는 것처럼 느껴집니다.

그래서 이럴 땐 이렇게 말하는 편이 더 도움이 됩니다.

"예전이랑 다르게 느껴지면, 불안할 수 있지."

이 짧은 한 문장은 중요한 세 가지를 동시에 충족합니다. 감정이 틀렸거나 과하다고 평가하지 않았고, 상대가 느낀 그대로 인정해 줬으며, 무엇보다 그 감정이 생길 이유가 충분하다는 것도 말해줬으니까요.

이성적인 사람에게 이해되지 않은 "그랬구나."는 스스로도 어색할 수밖에 없습니다. 이럴 땐 감정을 억지로 느끼려 하기보다, '왜 그런 마음이 들었는지' 이유를 찾아보면 됩니다.

"그랬구나." ➡ 감정 따라가기

"그러면 그럴 수 있지." ➡ 감정이 생긴 이유와 함께 보기 이성적인 사람은 1, 2단계를 통해 감정을 이해해도, 결국 마지막엔 '그래서 결론이 뭐야? 뭘 해야 해?'라는 생각으로 돌아가 정답을 제시하려 합니다.

상대가 "그래서 요즘 나만 노력하는 느낌이야. 연락도 거의 내가 먼저 하고."라고 말할 때, 흔히 이런 해결책을 내놓죠.

(✕) "그럼 너도 그냥 연락하지 말아봐. 그럼 상대도 느끼는 게 있겠지."

틀린 말은 아니지만 아직 조언할 타이밍이 아닙니다. 감정이 가라앉지 않은 상황에선 다른 이야기를 받아들일 준비가 안됐기 때문이죠. 그래서 이 단계에서는 조언하기보다 마음을 함께 정리 해주는 것이 필요합니다.

(○) "제일 서운한 게 그거구나. 혼자 관계를 이끌어가는 느낌이 드는 거."

이는 상대의 말을 그대로 짚어주는 백트래킹(Backtracking)이라는 대화 기법으로, 이성적인 사람의 분석하는 성향과 잘 맞으면서도, 감성적인 상대에게 충분히 공감받았다는 느낌도 줄 수 있습니다.

꼭 같은 감정을 느끼지 않아도 됩니다. 상대의 마음이 어떤 상태인지 정확히 이해해 주는 것만으로도 충분합니다. 그리고 해결책을 서둘러 내놓기보다, 상대가 스스로 답을 찾을 수 있게 물어보는 겁니다.

"그럼, 지금 네 마음은 좀 어때?"

공감은 답을 찾아주는 일이 아닙니다. 상대가 스스로 마음을 정리할 수 있도록 충분히 기다려 주고, 그 과정을 있는 그대로 존중해 주는 것입니다.

말 없는 상대와 일하는 법: 침묵 속 숨은 의도 읽기

"팀원 때문에 고민이 많아요. 표정이 안 좋아 보여서 슬쩍 물어봐도 아무 말이 없네요. 이직하려는 건지 불만이 있는 건지 도통 모르겠어요."

코칭 자리에서 한 팀장님이 털어놓은 이야기였습니다. 침묵의 이유를 알고 싶어 따로 면담도 하고, 분위기를 풀어보려 술자리까지 마련했지만 돌아온 답은 짧았습니다.

"진짜 별일 없어요."

도무지 속을 알 수 없는 후배의 반응에 팀장님의 불안과 답답함은 점점 커졌습니다.

'진짜 괜찮은 걸까, 나한테만 말을 안 하는 건가?'

이 답답함의 근본 원인을 찾기 위해 두 사람 모두 성향 진단을 해봤는데, 결과는 의외로 단순했습니다.

팀장: 말을 주고받아야 안심되는 관계 중심형
(친화성과 외향성이 높음)

팀원: 혼자 조용히 있을 때 에너지가 생기는 몰입형
(성실성이 높고 외향성이 낮음)

팀원은 그냥 말할 필요가 없는 상황이라 말을 하지 않았던 것뿐이었습니다. 하지만 관계를 중시하는 팀장의 눈에는 거리감으로 다가왔던 것이죠.

제가 팀장님께 드린 피드백은 간단했습니다.

"팀장님이 걱정하시는 마음은 충분히 이해해요. 다만 두 분이 생각하는 '편안한 상태'의 느낌이 다른 것 뿐입니다. 팀장님은 대화가 끊기면 불편함을 느끼시겠지만, 팀원은 말 없이 조용히 일하는 상태가 편안하거든요. 그래서 왜 말이 없냐고 계속 물어보시면, 팀원이 오히려 불편할 수 있어요."

침묵을 해석하는 단서: 침묵이 시작된 순간

말이 없는 상대 때문에 신경 쓰인다면, 먼저 그 침묵이 언제부터 시작됐는지 떠올려보는 것이 중요합니다. 원래 말수가 적은 사람인지, 아니면 최근 들어 갑자기 조용해진 것인지에 따라 의미가 완전히 달라지거든요. 그래서 무작정 '문제가 있는 건가?' 하고 걱정하기보다, 그것이 타고난 성향인지 아니면 이유가 있어서 달라진 변화인지를 먼저 구분해야 합니다.

구분	의미	대응법
원래 말이 적었다	불만이 아니라 타고난 성향	존중과 조율: 억지로 말을 끌어내지 않기
갑자기 말이 줄었다	내면의 불편함이나 신호일 확률 높음	관찰과 확인: 급하게 캐묻지 않고 부드럽게 접근

원래 말이 적은 사람에게 억지로 말을 끌어내려 하면 오히려 관계가 어색해질 수 있습니다. 반대로 평소에는 잘 웃으며 대화하던 후배가 어느 날부터 질문에 단답형으로만 일관하거나, 대화 중에 눈을 맞추지 않고 서둘러 자리를 피하려 한다면 이는 분명한 변화의 신호입니다. 이때 곧바로 이유를 캐묻기보다, 잠시 시간을 두고 그 변화를 지켜보는 것이 먼저입니다.

원래 어떤 태도로 일하던 후배였는지를 생각해보는 거죠. 태도가 변했다는 건, 그만큼 후배의 마음속에 큰 고민이 생겼다는 뜻일지도 모르니까요.

갑작스러운 침묵에 대처하는 법: 외면하면 멀어집니다

평소에 잘 이야기하던 사람이 갑자기 말수가 줄었다면, '별일 아니겠지' 하고 넘기기보다 조심스럽게 다가갈 때입니다. 그 변화를 외면하면 상대는 혼자 마음의 짐을 더 키울 수 있기 때문입니다.

이럴 땐 억지로 털어놓게 하기보다, '나는 네 편이고, 너를 걱정하고 있다'는 마음을 전하는 것이 중요합니다.

• 좋았던 모습을 먼저 말해주세요

말이 줄어든 상대에게 우리는 종종 이렇게 묻습니다.

"왜 말이 없어?"

"요즘 의욕이 없는 것 같아요."

분명 걱정하는 마음에서 나온 말이지만, 듣는 사람에게는 지적처럼 들리기 쉽습니다. 질문 속에 이미 '지금 너의 상태가 평소보다 못하다'라는 부정적인 전제가 깔려 있기 때문이죠.

특히 상대가 이미 예민한 상태라면 "왜 그래요?"라고 묻는 질문이 걱정으로 다가오기보다 '당신이 이상하다'는 의미로 들릴 수 있습니다. 그러면 괜히 더 예민하게 보일까 봐, "괜찮아요. 별일 없어요."라고 대충 대답하고 자리를 피하게 되죠.

그래서 이럴 때는 긍정적인 기억으로 대화를 시작하는 게 훨씬 효과적입니다. 상대가 평소 보여준 좋았던 모습이나 강점을 먼저 이야기하며 대화를 시작하는 것이죠.

(✕) "요즘 왜 이렇게 조용해요? 무슨 문제 있어요?"

(○) "형민 씨는 항상 아이디어도 잘 내고 활발해서 참 보기 좋았는데, 요즘은 조금 조용해 보여 걱정되네요. 혹시 무슨 일 있어요?"

이 말은 '나는 너의 평소 좋은 모습을 기억하고 있다'는 다정한 의미를 전달합니다. 후배 입장에서는 '나를 이상한 사람으로 보는 게 아니라, 늘 지켜봐 왔기 때문에 걱정되서 묻는 거구나.'라고 느낄 수 있죠. 평소 모습을 알아봐 주는 선배 앞에서는 긴장이 풀립니다. 덕분에 "사실 요즘 이런 일이 있었어요." 같은 진짜 이유를 말할 용기도 생기는 것이죠.

• 누구나 그럴 수 있다는 느낌을 주세요

상대에게 직접 이유를 묻는 것이 조심스럽다면, '누구에게나 일어날 수 있는 보편적인 일'로 대화를 시작해보는 것이 좋습니다. 이 한마디가 들어가면, 상대는 '내가 문제여서가 아니라, 누구나 그럴 수 있구나'라는 생각에 마음이 편안해지기 때문입니다.

"프로젝트가 끝났는데도 조금 힘들어 보여서요. 보통 이 연차쯤 되면 슬럼프가 한 번 오더라고요. 민우 씨는 괜찮아요?"

"이번 프로젝트가 워낙 까다롭잖아요. 이런 프로젝트는 보통 초반이 가장 힘들다고 하던데, 혹시 지수 씨는 괜찮아요?"

사람은 '나만 문제 있는 사람처럼 보이나?' 하고 느끼는 순간 본능적으로 마음을 닫습니다. 하지만 누구나 그럴 수 있다고 생각되면, '아, 나만 그런 게 아니구나'라는 안도감에 부담이 줄어들어 비로소 편하게 이야기할 여유가 생깁니다.

말이 적은 것이 성향적인 특징이라면 존중해야 합니다. 조용하다고 해서 문제가 있는 건 아닙니다. 말이 적어야 집중되는 사람도 있고, 불필요한 잡담을 싫어하는 스타일일 수도 있습니다.

하지만 함께 일하는 이상 최소한의 공유는 선택이 아니라 의무입니다. 성향을 존중한다는 것은 불필요한 사적 대화를 하지 않는 것이지, 업무에 필요한 말까지 하지 않아도 된다는 뜻은 아니니까요.

원활한 협업을 위해 말이 적은 사람도 반드시 말해야 하는 3가지 순간이 있습니다.

- **리스크나 변수가 생겼을 때**

직장에서 발생하는 큰 문제의 대부분은 '작은 문제'가 생겼을 때 바로 말하지 않아서 커집니다.

예를 들어 상백 씨는 고객사 재계약이 계속 미뤄지고 있었지만, '이번 주엔 답을 주겠지.' 하며 보고를 미뤘습니다. 결국 계약이 취소되면서, 팀은 새 제안 일정까지 놓치게 됐습니다.

"계약이 지연되고 있습니다. 우선 이번 주까지 기다려보겠지만, 혹시 모를 상황에 대비해 일정 재검토도 필요할 것 같습니다."

사실 이 한 문장만 있었어도, 팀은 대안을 찾을 수 있었을 것입니다. 변수 상황에서의 침묵은, 훨씬 더 큰 문제를 키우는 원인이 됩니다. 상황만 공유했더라도 팀은 대응할 수 있었으니까요.

• 도움이 필요한 순간

일이 막혔는데도 혼자 끙끙대면, 결국 팀 전체의 일정이 늦어집니다. 혼자 해결할 수 없거나 누군가의 판단이 필요한 단계라면, 혼자 고민하기보다 도움을 요청하는 것이 훨씬 현명합니다.

"제가 혼자 판단하기 어려운 부분이 있는데, 잠시 의논을 드려도 될까요?"

침묵하며 고민을 미루는 시간만큼, 나중에는 모두가 더 급해지고 더 피곤해질 수 있습니다. 따라서 일이 막힌 순간 바로 말하는 것이 오히려 팀에 대한 배려가 됩니다.

• 결정 및 완료 공유

일을 잘 끝내는 것만큼 중요한 건, 끝났다는 사실을 제때 알려주는 것입니다. 내가 말해주지 않으면 함께 일하는 상대는 상황을 전혀 알 수가 없습니다.

"○○○ 업무 마무리 됐습니다. 공유드린 파일 확인 부탁드립니다."

이 한마디면 충분합니다, 상대는 불필요하게 확인하거나 기다리지 않아도 되고, 다음 일을 바로 이어갈 수 있으니까요.

우리는 모두 다릅니다. 그래서 침묵이 성향 때문이라면 존중하고, 상황 때문이라면 섬세하게 살펴주는 것이 필요합니다.

하지만 우리는 '함께' 일합니다. 그렇기에 어떤 상황이든 최소한의 업무 대화는 반드시 필요합니다.

Theme 3.

일할 때 가장 많이 부딪히는 성향 차이

50이 500이 될 때:
성향에 따라 달라지는 일의 무게

"팀장님이 너무 일을 많이 줘서 힘들어요."

강의 중 학습자분이 고민을 털어놨습니다. 팀장님이 지시하는 업무들이 너무 많아 야근을 해도 감당이 안 될 지경인데, 문제는 정작 팀장님은 이 상황을 전혀 공감하지 못한다는 겁니다.

"업무의 양이 저희가 소화할 수 있는 수준이 아닙니다. 계속 야근하는데도 일이 밀려요."

결국 참다 못해 팀장님께 이야기했지만, 돌아온 답은 시큰둥했습니다.

"대체 뭐가 그렇게 힘들다는 거죠?"

심리학에서는 이를 '성실성'에 기반한 성향 차이로 설명합니다. 아마도 팀장님은 계획을 세우기보다 일단 움직여 보면서 감을 잡는 행동형이었을 겁니다. 아이디어가 10%만 떠올라도 "이거 어때요?" 하고 가볍게 던져보는 쪽이죠. 반응을 보면서 방향을 바꾸는 데 익숙하기 때문에, 다섯 개의 아이디어라도, 팀장님에게는 500의 과제가 아니라 50의 가벼운 제안이었을 가능성이 큽니다.

반대로 팀원의 성향은 계획형이었습니다. 일을 시작하기 전에 전체 계획이 갖춰져야 움직일 수 있는, 완벽을 지향하는 스타일이었죠. 그러다 보니 리더에게는 단순한 제안이었지만, 팀원에게는 이미 하나의 프로젝트가 시작된 것처럼 받아들여진 겁니다.

결국 리더가 던진 '50'의 제안은 팀원의 손에서 '500의 업무'로 커집니다. 완벽하게 해내려는 마음에 혼자 감당하다 한계치를 넘어서야 비로소 도움을 요청하게 되는 거죠.

하지만 리더는 의아합니다.

'겨우 50 가지고 왜 저렇게 힘들어하지?'

결국 팀원은 리더가 자신이 얼마나 벅찼는지 알아주길 바라는 마음으로, '500이 된 과정'을 하나하나 설명하게 됩니다.

"이것도 해야 했고, 저것도 해야 했고요."

이제야 이해받을 줄 알았지만, 돌아온 리더의 말은 예상과 달랐습니다.

"그걸 왜 그렇게까지 해요? 그렇게까지 할 필요 없었는데."

결국 리더는 팀원이 일을 불필요하게 키우는 것 같아 답답했고, 팀원은 그런 리더가 책임을 회피한다고 느꼈습니다. 하지만 이는 누구의 잘못도 아니었습니다. 단지 서로 떠올린 그림이 달랐다는 걸 몰랐을 뿐이죠.

말의 무게를 정해주는 라벨링(Labeling)

갈등은 대체로 같은 말을 서로 다른 무게로 받아들일 때 생깁니다. 즉흥형 리더의 가벼운 아이디어가 계획형 팀원에게는 무게 있는 프로젝트처럼 들리는 것처럼요. 따라서 말을 꺼낼 때는 이것이 바로 진행할 일인지, 생각만 해보자는 건지, 아니면 그냥 참고만 하라는 건지를 먼저 말해주는 것이 좋습니다.

저는 이것을 '라벨링(Labeling)'이라고 부릅니다. 말에 표시를 붙여, 상대가 이 말을 얼마나 진지하게 받아들이면 되는지 바로 알 수 있도록 하는 것입니다.

아이디어 "지금은 그냥 가능성만 보는 거예요. 이번 안건은 기록만 해두면 돼요."

탐색 "일단 분위기만 좀 봐요. 관련 사례 몇 개만 체크해서 공유해 줘요."

실행 "이건 바로 진행하죠. 이번 주 안에 결과 나올 수 있게 일정 잡아봅시다."

이처럼 말을 꺼낼 때 이것이 지금 당장 해야 할 일인지, 아니면 그냥 참고만 하면 되는 말인지 먼저 알려주면, 듣는 사람은 말의 무게를 정확히 이해하고 헷갈리지 않을 수 있습니다.

애매할수록 '10% 시안'으로 확인하기

즉흥형 리더와 일할 때, 말로 범위를 확인하는 것이 어렵다면 안전한 방법이 하나 있습니다. 바로 일단 10%만 만들어서 들고 가는 것입니다.

즉흥형 리더도 처음에는 본인 머릿속 그림이 명확하지 않기 때문에 말로 설명을 들어도 감을 잘 잡지 못합니다. 하지만 10% 시안을 보여주면 방향을 훨씬 빨리 잡을 수 있습니다. 예를 들어, 조사해야 할 범위가 넓을 때는 본격적으로 자료를 모으기 전에 관련 기사나 경쟁사 사례를 두어 개만 요약해서, "우선 이 정도 수준으로 정리하면 될까요?"라고 물어보는 겁니다.

신규 프로젝트라면 아이디어 세 줄이나 간단한 스케치를 들고 가서 "이런 콘셉트로 가볼까요, 아니면 다른 걸 찾아볼까요?" 라고 선택지를 주는 거죠.

10% 시안은 완성도가 아니라 가능성을 보여줍니다. 가능성이 보이면 방향이 잡히고, 방향이 잡히면 불필요한 고생도 줄어듭니다.

리더가 먼저 알아본 변화: '말 한마디 바꿨을 뿐인데'

몇 달 뒤, '라벨링 대화법'과 '10% 시안'을 실천했던 학습자를 만났습니다. 예전에는 리더의 아이디어를 무조건 100% 완성해야 한다고 느꼈지만, 지금은 무엇을 먼저, 어디까지 하면 되는지 스스로 구분하고, 대응하게 되면서 더 이상 업무에 치이지 않는다고 했습니다.

"팀장님, 그럼 일단 전체적인 방향만 잡아볼게요. 키워드 세 가지 정도만 정리해서 내일 점심까지 먼저 드릴까요?"

예전에는 500의 일을 혼자 감당했다면, 지금은 필요한 50 만큼만 정확히 처리하는 방식으로 바뀐 겁니다. 흥미로운 점은 리더 역시 이 변화를 금세 알아챘다는 사실입니다. 어느 날, 리더가 이렇게 말했다고 합니다.

"요즘 좀 달라졌어요. 예전에도 열심히는 했지만, 그땐 뭔가 버거워 보였거든요. 그런데 요즘은 일을 척척 해내는 느낌이에요. 보기 좋습니다."

그가 바꾼 것은 딱 한 가지, 말의 무게를 구분하는 습관이었습니다. 그 작은 습관 하나가 일은 덜 버겁게, 관계는 더 단단하게 만들었습니다.

계획형과 즉흥형이 함께 일할 때: 속도를 맞추는 대화

신입사원 두 명이 함께 워크숍 기획을 맡았습니다. 처음으로 같이 하는 프로젝트라 두 사람 모두 의욕이 넘쳤고, 누구보다 열심히 뛰어들었죠. 하지만 기대와 달리 일은 점점 삐그덕거리기 시작했습니다.

함께하는 일인 만큼 동료의 의견을 묻는 것이 예의라고 생각한 A는 사소한 선택도 B와 공유하려 했습니다. 반면 자기 몫을 확실히 해내야 상대에게 피해를 주지 않는다고 믿었던 B는 혼자 묵묵히 결과물을 만드는 데 집중했습니다.

아무 공유도 없는 B를 기다리다 지쳐 슬쩍 물어본 A는 이미 일이 끝났다는 대답에 허탈해졌습니다. '이럴 거면 왜 같이 하는 거지?'라는 생각이 들었죠. 반면 하나하나 묻는 A를 지켜보던 B는 '이럴 거면 그냥 내가 다 하고 말지.'라며 답답해했습니다.

이처럼 각자의 최선이 충돌할 때도 오해가 생길 수 있습니다. 상대의 의도를 삐딱하게 봐서가 아니라, 오히려 너무 단순하게 '내 기준'으로만 상대를 배려했기 때문입니다. 나에게 최선인 방식이 상대에게는 불편함이 될 수도 있다는 사실을 놓친 것이죠.

이러한 오해는 일을 풀어가는 속도와 방식이 다른 '계획적인 사람'과 '즉흥적인 사람'이 만났을 때 가장 크게 드러납니다.

'마감만 지키면 되지' vs '중간 점검이 있어야 안심돼'

즉흥적인 사람은 계획을 세워 차근차근 나누기보다, 한 번에 몰입해서 끝내는 스타일입니다. 세세한 계획은 오히려 흐름을 끊는다고 느끼죠. 무엇보다 지금까지 이 방식으로 충분히 결과를 내왔으니, 굳이 미리 서둘러서 힘을 뺄 이유를 느끼지 못합니다.

반면 계획적인 사람은 일이 계획대로 흘러가는 것을 확인해야 안심합니다. 머릿속에 '오늘은 이만큼, 내일은 저만큼' 하는 구체적인 타임라인이 그려져 있어야 마음이 놓이기 때문이죠. 그래서 상대의 속도가 예상보다 느려지면, 그때부터 마음이 급해집니다. 그래서 불안한 마음에 자꾸 진행 상황을 확인하지만, 즉흥적인 사람에게는 이것이 간섭처럼 느껴집니다. 아직 시간은 충분한데 마치 내가 일을 미루는 사람이라도 된 듯한 기분이 들어 불쾌해지는 것이죠.

리더와 팀원의 관계가 말의 무게를 다르게 해석해서 생기는 문제라면, 동료 사이에서는 일을 처리하는 속도의 차이가 갈등의 원인이 됩니다. 차근차근 하나씩 해나가야 안심하는 사람의 불안함과, 한번에 몰아서 집중력을 발휘하는 사람의 답답함이 부딪히는거죠.

과정이 곧 평판이 된다

즉흥적인 사람은 한 번에 몰아서 끝내기 때문에, 결과물이 나오기 전까지는 일이 어디쯤 와 있는지 알기가 어렵습니다.

동료 입장에서는 일의 진행 상태가 보이지 않으니 '제대로 하고 있는 건가?' 하는 불안이 생길 수밖에 없죠. 그 불안은 종종 불성실하거나 책임감이 부족하다는 오해로 이어집니다.

반면 계획적인 사람은 과정이 드러납니다. 덕분에 일이 계획대로 풀리지 않아도 "그래도 최선을 다했잖아."라는 말은 들을 수 있죠. 모두가 그 노력을 지켜보았기 때문이죠. 때로는 그 과정이 비효율적으로 보일지라도, '불성실하다'는 평판은 피할 수 있습니다.

하지만 과정이 보이지 않았던 즉흥적인 사람은 같은 실패를 겪어도 "봐라, 준비도 안 하더니 결국 이렇지."라는 비난을 듣기 쉽습니다. 아무리 혼자 노력했다 하더라도, 그 과정이 동료들에게 전달되지 않았기 때문입니다.

협업에서 신뢰는 결과물만으로 완성되지 않습니다. 함께 일하는 동안 태도와 소통, 그 모든 과정이 쌓여 결국 나라는 사람에 대한 신뢰를 만듭니다.

만약 나에게만 편한 방식으로 일을 밀고 나간다면, 결과가 아무리 좋았어도 함께 일한 동료의 기억 속엔 '성공의 기쁨'보다 '힘들었던 마음'이 더 크게 남을 수 있습니다.

즉흥적인 사람: "그것 봐. 결국 다 잘 된다니까. 괜히 걱정만 많아."
계획적인 사람: "나 혼자 거의 다 한 거 같아. 너무 힘들어"

일을 잘 끝내고도 다음번 협업이 망설여지는 사람으로 남게 되는 것이죠. 그래서 결과만큼이나 과정도 중요합니다.

협업이 편해지는 최소한의 약속

직장에서는 서로의 일하는 방식을 모른 채 협업이 시작되는 경우가 많습니다. 결국 각자 다른 속도로 움직이는 두 시계를 보며 일하는 셈이죠. 그래서 처음부터 최소한의 규칙을 정해 두는 것이 필요합니다.

- **중간 공유**: 진행 상황을 언제, 어떤 방식으로, 어디까지 공유할 것인가. (예 매주 금요일 오후에 메신저로 핵심 내용만 공유)
- **의사결정**: 어디까지는 실무자가 각자 판단하고, 어떤 부분부터 함께 논의할 것인가. (예 일정 변경은 상의하되, 세부 디자인은 각자 결정)

- **업무의 범위:** 어디까지 미리 준비하고, 발생할 수 있는 변수는 어디까지 고려할 것인가. (예) 초안은 큰 틀만 잡을 것인가, 아니면 세부 수치까지 검토할 것인가)

이 세 가지만 미리 정해도 불필요한 오해가 줄어듭니다. 완벽한 규칙을 만드는 것보다 중요한 것은, 서로의 업무 스타일을 구체적으로 확인하는 일입니다. 그 한 번의 대화가 서로의 '다름'을 '틀림'으로 오해하지 않게 막아주고, 일 때문에 마음 상하는 일을 줄여줄 테니까요.

계획형, 동료와 함께 점검하세요

계획형은 예측할 수 없는 상황을 가장 불편해합니다. 여행을 가더라도 일정표는 물론, 비상 상황까지 대비해 두죠. 이런 준비는 계획형에게는 일을 확실히 해두는 과정이지만, 즉흥형에게는 불필요한 과정으로 보이기도 합니다.

이럴 때 계획적인 동료는 혼자 모든 불안을 짊어지려 하기보다, 상대에게 가볍게 의견을 묻는 것이 좋습니다.

"준비하다 보니 리스트가 좀 많아졌네요. 이 중에서 나중에 생각해도 될 만한 건 일단 좀 빼둘까요?"

혼자서는 불안해서 버릴 수 없던 계획들을, 즉흥적인 동료의 유연함을 빌려 전략적으로 덜어내는 과정이 필요하기 때문입니다. 이때 즉흥형은 "그건 그때 가서 보면 되죠."처럼 막연하게 답하기보다, 경험을 근거로 말하는 게 효과적입니다.

"이 지역은 가봤는데, 근처에 식당이 많아서 예약 없이 가도 충분해요."

"비가 와도 실내로 바로 이동할 수 있으니, 플랜 B까지는 세우지 않아도 될 것 같아요."

업무에서도 마찬가지입니다. 무작정 괜찮다고 하기보다, 상대가 납득할 만한 상황을 덧붙여 주는 것이죠.

"지난 프로젝트 때도 비슷한 상황이 있었는데, 하루 만에 잘 마무리됐거든요. 이번에도 돌발 상황이 생기면 제가 바로 대응할 테니 너무 걱정 마세요."

이렇듯 근거를 바탕으로 의견을 나누면, 즉흥형도 대책 없이 낙천적인 사람이 아니라 '경험이 많아 효율적으로 일하는 동료'로 느껴질 수 있습니다.

즉흥형, 진행 상황도 공유해 주세요

즉흥형에게 중간 공유는 부담스럽습니다. 아직 다 안 끝났는데 굳이 보여줘야 하나 싶고, 완벽하게 다 만든 뒤 한번에 보여주는 편이 더 자신 있기 때문입니다. 하지만 협업에서는 완성보다 안심이 먼저입니다.

"지금 절반 정도 진행됐는데요. 내일까지 일단 전체 목차랑 큰 틀만 잡아서 먼저 보여드릴까요?"

이 한마디면 충분합니다. 한 걸음 더 나아가 상대가 묻기 전에 먼저 소식을 전하면 더 좋습니다.

"수요일에 드리기로 한 거 지금 거의 다 돼가거든요. 내일 오전에 미리 보실 수 있게 초안만 먼저 넘겨드릴까요?"

결국 협업이란 단지 결과를 내는 과정이 아니라, 서로의 속도를 맞추는 일입니다. 그렇게 서로의 호흡이 맞기 시작할 때, 일의 진행은 훨씬 매끄러워지고 관계에는 비로소 여유가 생깁니다.

아이디어는 쏟아지는데, 말이 산으로 갑니다

호연 씨는 '호기심 부자'였습니다. 새로운 것을 배우는 데 망설임이 없었죠. 여행, 그림, 테니스, 피아노 등 뭐든 한 번쯤 해봐야 직성이 풀리는 사람이었습니다. 문제는 그 다음이었습니다. 시작은 누구보다 빠른데, 끝까지 가는 일은 드물었죠. 하고 싶은 것이 많다 보니, 늘 새로운 일이 먼저 눈에 들어왔습니다.

이 성향은 직장에서도 그대로 이어졌습니다. 프로젝트를 맡으면 아이디어가 쏟아졌죠.

"영상 콘텐츠로 가는 건 어때요?", "이 기능도 넣죠! 인스타그램 채널까지 함께 키우면 괜찮지 않을까요?"

아이디어는 참신했지만, 제안이 늘어날수록 회의는 길어지고 팀원들은 지쳐갔습니다. 처음엔 호응하던 동료들도 매번 결론이 흐려지는 분위기에 답답함을 느끼기 시작했죠.

흔히 사공이 많으면 배가 산으로 간다고 하죠. 호연 씨의 경우, 사공은 머릿속에 있었습니다. 호기심이라는 이름의 사공들이 서로 다른 방향으로 노를 젓고 있었던 것입니다.

생각이 먼저 뛰면, 말은 따라가기 벅찹니다

아이디어가 넘치는 사람은 말도 함께 많아지는 경우가 많습니다. 떠오르는 생각을 실시간으로 말로 옮기다 보니 문장이 길어지고, 흐름이 산만해지죠.

그 이유는 단순합니다. 생각의 속도가 말의 속도보다 훨씬 빠르기 때문입니다. 연구에 따르면, 우리는 머릿속으로 분당 600~800단어를 떠올리지만, 입으로 내뱉는 단어는 150~200단어에 불과합니다. 머릿속에선 다음 문장으로 넘어갔는데, 말은 아직 첫 문장을 설명하는 단계에 머물러 있는 것입니다.

이로 인해 다음과 같은 모습들이 나타납니다.

- 문장 사이에 쉬는 틈이 없어, 듣는 사람이 숨이 차게 느껴집니다.
- 마침표를 찍지 못하고 '그리고'를 붙이며 문장을 끝없이 이어갑니다.
- 같은 내용을 말만 바꿔 계속 반복합니다.

겉으로는 다른 문제처럼 보이지만, 원인은 같습니다. 정리되지 않은 생각들이 말의 속도를 앞질러 한꺼번에 쏟아져 나오기 때문입니다.

내 말의 습관은 내가 직접 들어봐야 보입니다

말을 좀 더 조리 있게 하고 싶다면, 먼저 내가 어떻게 말하고 있는지 객관적으로 들어보는 것이 좋습니다. 평소 말하는 모습을 녹음해 들어보는 거죠. 처음엔 내 목소리가 어색하고 낯설겠지만, 반복해서 듣다 보면 평소에는 몰랐던 나의 말 습관들이 하나둘 보이기 시작합니다.

'내가 이 단어를 많이 쓰는구나.'

'안 해도 될 말을 꽤 많이 하고 있네.'

'여기서 끊었으면 더 좋았겠다.'

나아가 녹음한 내용을 글로 옮겨보면 평소엔 보이지 않던 말습관이 한눈에 드러납니다.

왜 굳이 녹음하고 고치는 방식이 필요할까요?

많은 분들이 "그냥 처음부터 완벽한 원고를 적어서 연습하면 안 되나요? 꼭 녹음해서 고쳐야 하나요?"라고 묻습니다.

하지만 현실에서 우리가 마주하는 대화는 대부분 준비되지 않은 상태에서 벌어집니다. 갑작스러운 회의나 통화, 리더의 돌발 질문에 답해야 할 때는 결국 평소 습관 그대로 말이 나오게 됩니다.

그래서 연습의 핵심은 처음부터 잘 말하는 것이 아니라, 이미 내뱉은 말을 다시 보며 정교하게 다듬어보는 것에 있습니다. 이 과정을 반복하다 보면, 어느 순간부터는 굳이 의식하지 않아도 정돈된 문장이 자연스럽게 나오기 시작합니다.

말이 산으로 가지 않게: 말의 구조를 잡는 3단계 공식

녹음한 내용을 글로 옮겼다면, 이제 그 복잡하고 산만한 문장을 명확한 메시지로 다듬을 차례입니다.

(녹음 내용을 글로 옮긴 스크립트 예시)

"신제품 행사 준비하면서요. 처음에는 인플루언서를 초청해서 하려고 했거든요. 근데 하다 보니까 작년 B제품 행사가 생각나더라고요. 그때 고객사에서 콘셉트를 바꿔달라 그래서 결국 기획 다 바꾸고 영상도 다시 만들었잖아요. 진짜 그때 갑자기 바뀌는 바람에 며칠 동안 집에도 못 가고 난리였는데. 근데 또 생각해보면, 그때는 콘셉트가 문제라기보다 그냥 예산이 없어서 어쩔 수 없었던 거였거든요. 근데 또 이번에는 시국이 애매하잖아요. 그래서 최대한 체험형으로 가보고 싶긴 한데, 어떻게 하는 게 맞을지 잘 모르겠어요."

// 1단계 // 핵심 메시지 찾기

가장 먼저 해야 할 일은 말의 중심, 즉 핵심 메시지를 정하는 겁니다. 위 예시에서 말하는 사람이 진짜 하고 싶은 말은 무엇일까요? 대개 문장의 맨 마지막에 그 답이 숨어 있습니다.

"최대한 체험형으로 가보고 싶긴 한데, 어떻게 하는 게 맞을지 잘 모르겠어요."

➡ 체험형 행사 진행이 어떨지 의견을 듣고 싶다.

핵심 메시지를 정했다면, 이제 남은 정보들은 결론을 뒷받침하는 배경과 근거로 다시 정리할 수 있습니다. 그러면 작년 행사 이야기도 단순한 넋두리가 아니라, '왜 체험형을 고민하게 되었는지' 설명하는 설득력 있는 근거로 활용할 수 있습니다.

핵심 메시지를 찾는 질문		예시에 해당하는 내용
무엇에 대해 말하려고 하는가?	➡	신제품 행사를 '체험형'으로 하겠다는 계획
상대에게 어떤 대답을 듣고 싶은가?	➡	이 방향으로 진행해도 좋다는 동의

// 2단계 // 목적에 맞게 '설득의 뼈대' 만들기

핵심 메시지가 정해졌다면, 이제 문장에서 불필요한 표현을 덜어낼 차례입니다. 이때 단순히 문장을 줄이기만 하는 것이 아니라, 내 목적에 맞게 필요한 내용만 남기고 나머지를 정리하는 것이 중요합니다.

정리된 뼈대 문장

과거/원인	작년 B제품 행사 때 예산 문제로 기획이 뒤집혔던 적이 있습니다.
현재/판단	그래서 이번 인플루언서 초청 건도 실행 가능성을 신중하게 보게 되네요.
리스크	체험형으로 가고 싶지만, 지금 시국이 애매해서 우려되는 부분도 있고요.
목적/요청	이 상황에서 어떤 방향이 좋을지 의견 주시면, 그에 맞춰 결정하고 싶습니다.

말을 이렇게 다시 정리하면, 처음엔 잘 보이지 않던 진짜 의도가 드러납니다. 여러 감정과 정보가 섞여 있어서 복잡했던 메시지가 핵심을 중심에 두고 다시 정리하면 메시지가 하나로 정리되죠.

"체험형으로 진행하고 싶지만, 지난 경험 때문에 걱정된다. 그래서 의견이 필요하다."

// 3단계 // **동사를 바꿔 말의 신뢰도 높이기**

여기에 어떤 '동사'를 선택하느냐에 따라 내 말의 신뢰도가 달라집니다. 동사에 따라 나의 말이 단순한 하소연이 될 수도, 명확한 근거가 될 수도 있습니다.

방법은 간단합니다. '현재의 상황'만 설명하던 말을 내가 원하는 '미래의 결과'가 담긴 동사로 바꾸는 것입니다.

- **현재만 보여주는 말:** "지금 내 마음(상황)이 이래."
- **미래를 만드는 말:** "그러니까 네가 이걸 해줘(내가 이걸 할게)."

① **회의 준비가 덜 되었을 때**

- **현재만 보여주는 말:** "자료 준비가 아직 안 된 것 같아요."
  - ➡ **듣는 사람 생각:** '그래서 언제 된다는 거야? 내가 도와줘야 하나?'
- **미래를 만드는 말:** "오후 3시까지 자료를 완성하겠습니다.
  - ➡ **듣는 사람 생각:** '알겠어. 그때 확인하면 되겠군.'

② 상대의 의견이 궁금할 때

- **현재만 보여주는 말:** "이 기획안이 좋은지 잘 모르겠어요.
  - ➡ **듣는 사람 생각:** '주제를 바꾸고 싶다는 건가? 아님 도와달라는 건가?'
- **미래를 만드는 말:** "기획안의 디자인에 대한 피드백을 듣고 싶습니다."
  - ➡ **듣는 사람 생각:** '이 부분에 집중해서 의견을 주면 되겠구나.'

말은 한 번에 달라지진 않습니다. 오랫동안 익숙해진 나만의 방식이 있기 때문입니다. 따라서 처음부터 완벽하게 말하려 애쓰기보다, 일단 말한 뒤에 스스로 다시 정리해 보는 연습이 더 중요합니다. 그 과정을 몇 번만 반복하면, 어느 순간 말은 정리되고, 대화의 흐름을 스스로 주도하는 힘도 생길 겁니다. 말하기는 타고나는 재능이 아니라, 끊임없이 익히고 다듬으며 길러가는 기술입니다.

결정은 나 말고
누가 좀 대신 해줬으면

강사들 모임에서 총무를 맡았을 때, 식당을 고르는 일이 참 어려웠습니다. '누군가는 이 메뉴를 못 먹는다고 할까 봐, 누군가는 거리가 멀다고 할까 봐, 혹시 별로라는 말이 나올까봐' 같은 생각들이 꼬리를 물며 머릿속이 복잡해졌죠. 차라리 누가 대신 정해주면 불평 한마디 없이 기분 좋게 따라갈 수 있을 것 같았습니다.

혼자일 때는 아무거나 대충 골랐다가 실패해도 그건 내 몫이었기에 괜찮았습니다. 문제는 누군가와 함께하는 선택 앞에 서였습니다. 내가 고른 걸로 상대가 불편하거나 실망하지는 않을까 하는 걱정이 앞서 주저하게 됐던 거죠.

배려형의 딜레마: 조심스러움이 오해가 될 때

관계를 생각하는 조심스러움이 언제나 좋은 결과로 이어지는 것은 아닙니다. 때로는 그 신중함 때문에 '생각이 없는 사람'이나 '결정을 피하는 사람'으로 보일 때도 있으니까요.

한 학습자분이 이런 고민을 털어놓은 적이 있습니다. 좋은 게 좋은 거니까 굳이 자신의 의견을 말하기보다 상대의 의견에 맞추는 편인데, 아내가 너무 답답해한다고 하더군요.

"당신은 의견이 없어? 당신 생각을 좀 말해봐."

아내의 의견을 전적으로 존중하고 싶은 배려였지만, 정작 아내에게는 성의 없는 것처럼 느껴졌던 것입니다.

이런 오해는 직장에서도 흔히 일어납니다.

회의 때마다 "저는 아무거나 좋습니다."라는 대답이 반복되면, 리더 입장에서는 '회의에 참여할 의지가 없나?' 라고 느끼기 쉽죠.

갈등을 피하려는 조심스러움이 간혹 열정이 없는 사람으로 느껴지게 만들 수도 있는 것이죠.

말의 온도 높이기: '아무거나'에 마음 한 스푼 더하기

이때 표현을 조금만 바꿔도 관계의 온도는 달라집니다. 무심하게 들리던 말이, 따뜻한 말로 바뀌는 건 한 끗 차이입니다.

"아무거나 괜찮아."

➡ "당신이 좋아하는 걸 먹는 게 나도 좋아."

단순히 선택권을 떠넘기는 것이 아니라, '네 기분이 내게는 중요하다'는 마음을 먼저 들려주는 것입니다. 여기에 이유만 덧붙여도 훨씬 따뜻해집니다.

"요즘 당신 고생 많았잖아. 오늘은 당신이 먹고 싶은 걸로 하자. 난 정말 뭐든 다 좋아."

이렇게 말하면, 내 배려는 방관이 아니라, 상대를 향한 '기분 좋은 존중'이 됩니다.

말의 참여 높이기: 정답 대신 '생각의 노력' 보여주기

상대에게 늘 결정을 맡기기만 하면, 처음엔 배려처럼 보여도 곧 '스스로는 판단을 피한다'는 인상을 줄 수 있습니다.

이럴 때는 완벽한 정답을 찾기보다는, 내 머릿속에서 일어난 '고민의 과정'을 짧게라도 들려주는 것이 훨씬 낫습니다.

"둘 다 나쁘지 않은데, 개인적으론 A가 우리 기획안이랑 좀 더 잘 맞는 것 같아요. 다른 분들은 어떻게 생각하세요?"

"아직 고민 중이긴 한데, 저는 B 쪽이 좀 더 자연스러워 보여요. 혹시 다른 의견도 있으실까요?"

이 두 문장은 결정은 상대에게 맡기되, 나 역시 머리를 맞대고 함께 고민하고 있다는 느낌을 줍니다. 또한 '개인적으로는'이나 '아직 확실하진 않지만' 같은 말들이 앞을 지켜주기 때문에, 내 말이 틀릴까 봐 걱정할 필요도 없고 상대 역시 부담 없이 자기 생각을 꺼낼 수 있게 되죠.

당장 완벽한 결정을 내린 건 아니지만, '나도 충분히 머리를 맞대고 있다'는 정성을 보여 주기에는 충분합니다. 결정은 상대가 하더라도, '아무거나요.'라고 답할 때보다 훨씬 더 신뢰를 쌓을 수 있습니다.

말의 책임 나누기: 선택의 부담을 줄이는 '기준'

때로는 오롯이 내가 결정해야 하는 순간도 있습니다. 리더로서 팀을 대표하거나, 가족을 위해 선택을 내려야 할 때처럼요. 이럴 땐 완벽한 정답을 찾느라 시간을 끌며 머뭇거릴 필요는 없습니다. 대신 내가 어떤 이유로 선택했는지 결정의 기준을 투명하게 밝히는 것이 중요합니다. 결정 그 자체를 잘해내야 한다는 부담에서 벗어나 '왜 이 선택을 하려 하는지' 그 속마음을 잘 설명하는 사람이 되는 겁니다.

여러 요소를 한꺼번에 고려하려 하면 누구라도 결정이 어렵습니다. 그래서 우선순위를 단 하나로 좁혀 보는 것이 좋습니다. 지금 이 상황에서 가장 중요한 가치가 무엇인지를 먼저 말하는 거죠. 예를 들어 다 같이 점심 메뉴를 정해야 하는 상황이라도, '나만의 기준'을 먼저 말하면 상황은 훨씬 단순해집니다.

시간: 오늘은 다 같이 빨리 먹는 게 중요하니까, 가까운 곳으로 가는 게 어떨까?

분위기: 오늘은 대화가 필요하니, 룸이 있는 곳으로 하자.

비용: 부담 없이 즐기려면 가격이 합리적인 곳이 좋겠다.

직장 업무에서도 이 원칙은 똑같이 적용됩니다.

일정 중심: 이번 주 안에 마무리하는 게 최우선이니, 완성도를 높이기보다 일단 전체적인 흐름을 잡는 데 집중하면 좋겠습니다.

비용 중심: 예산이 제한적인 상황이라, 결과물을 화려하게 만들기보다 비용을 절감하는 방향으로 가닥을 잡으려 합니다.

목표 중심: 오늘 회의 목적은 다양한 아이디어를 모으는 것입니다. 시간이 좀 걸리더라도 자유롭게 의견을 나눠봅시다.

이렇게 기준을 공유하면, 결과가 100% 만족스럽지 않더라도 동료들은 그 선택을 기꺼이 받아들입니다.

'오늘은 속도가 중요한 날이니까.'

'이번엔 비용 절감이 우선이니까.'

왜 그 선택을 한 건지 이해가 되기 때문입니다.

그리고 무엇보다 좋은 점은, 내가 먼저 기준을 말하면 상대도 자신의 생각을 보태기가 훨씬 쉬워진다는 겁니다.

"그래도 난 맛있는 걸 먹고 싶어. 조금 기다리더라도 맛집으로 가자."

"오늘은 회의 시간을 줄이죠. 자료가 조금 부족하더라도 일단 빠른 결정을 내리는 게 좋겠습니다."

이처럼 내가 먼저 기준을 제시하면, 상대 역시 그 기준을 바탕으로 자신의 의견을 훨씬 편하게 보태기 시작합니다. 모두가 100% 만족하는 선택은 어렵지만, 서로 이유를 이해한 선택이라면 충분합니다.

말의 부담 줄이기: 바꿀 수 있는 '마감 시간' 정해두기

결정을 내린 뒤에도 '이게 맞을까?' 하고 계속 마음이 흔들릴 때가 있습니다. 특히 다른 사람의 감정을 잘 살피는 사람일수록, 누군가 불편해하지 않을까 걱정하다가 이미 내린 선택을 또다시 뒤집을 때가 많죠.

이럴 때는 처음부터 한 번에 확정하려고 애쓰기보다, 의견을 바꿀 수 있는 마감 시간을 미리 정해두는 것이 효과적입니다. 그 시간 동안 마음껏 다시 생각하고 의견을 나눌 수 있도록요.

"일단 이렇게 해둘게요. 혹시 하시다가 더 좋은 생각이 나면 1시간 안에만 편하게 말씀해 주세요. 별말씀 없으시면 바로 진행할게요."

이처럼 기한을 정해두면 나도 덜 불안하고, 책임도 한 사람에게만 쏠리지 않습니다. 또 누군가는 마음속에만 갖고 있던 의견을 기한 안에 편하게 꺼낼 수도 있죠. 완벽한 선택을 하려면 어렵습니다. 모두가 '그래, 이 정도면 좋아.' 하고 마음 편히 고개를 끄덕일 수 있는 결정이라면, 그것으로 충분합니다.

Quick Test

나의 성향 진단하기

다음 체크리스트는 심리학에서 가장 인정받는 Big 5 성격요인을 바탕으로 만들었습니다.

지금의 나와 가장 가까운 숫자에 표시해 보세요.

1 = 전혀 아니다, 5 = 매우 그렇다

점수를 모두 더하면, 내 대화 습관과 성향을 이해할 수 있는 작은 단서가 됩니다.

“ 진단 결과를 볼 때, 꼭 기억하세요 ”

이 진단은 사람을 뚜렷하게 구분하기 위한 검사가 아닙니다. 우리 안에는 다섯 가지 성향이 모두 공존하며, 이 테스트는 그중 어떤 면이 더 두드러지는지를 '정도'로 보여주는 도구입니다.

“ Big 5는 연속선 위의 정도를 보여줍니다 ”

MBTI가 'E 아니면 I'처럼 둘 중 하나를 고르게 한다면, Big 5는 '외향성이 70% 정도다'처럼 어느 지점에 가까운가를 알려줍니다.

“ 점수 구간은 참고용일 뿐입니다 ”

제시된 기준 점수(예 20점, 21점)는 사람을 엄격하게 구분하는 선이 아닙니다. 성향은 칸처럼 명확히 나뉘기보다, 자연스럽게 이어지기 때문입니다. 그래서 20점과 21점처럼 경계에 있는 점수들은 구간이 달라도 실제 성향은 거의 비슷할 수 있습니다. 만약 나의 점수가 구간의 끝자락(예 20점이나 21점)에 있다면, 양쪽 구간의 성향을 모두 지니고 있을 가능성이 큽니다. 숫자로 명확히 구분하기보다, 인접한 두 성향의 특징을 함께 읽어보며 나에게 더 가까운 모습을 찾아보시기 바랍니다.

외향성 & 내향성: 에너지의 방향

사람들과 있을 때 기운이 나나요,
아니면 혼자 있을 때 충전되나요?

		1 2 3 4 5
1	새로운 사람들과 만남이 부담감보다 기대감이 크다.	□□□□□
2	사람 많은 자리는 피곤하기보다 활력이 생긴다.	□□□□□
3	회의나 모임에서 먼저 말을 꺼내는 편이다.	□□□□□
4	쉬는 날은 혼자 시간을 보내기보다 밖으로 나가 활동하는 것을 선호한다.	□□□□□
5	혼자 생각할 때보다 함께 이야기할 때 능률이 더 오른다.	□□□□□
6	즉흥적인 제안에도 쉽게 동참한다.	□□□□□
7	사람들과 교류가 없으면 금방 심심하고 외로움을 느낀다.	□□□□□

28점 이상: 에너지 메이커 사람이 모이면 자연스럽게 중심이 되는 타입이에요. 모임이 조용하면 먼저 말을 꺼내 분위기를 띄우죠. 다만, 활발한 리액션이 상대의 속도보다 한 박자 빠를 때가 있습니다. 대화를 시작하기 전, 상대의 에너지를 먼저 확인해 보세요. 상대가 조용하면 목소리를 낮추고, 말이 느리면 속도를 늦춰보는 겁니다. 나의 에너지가 활기가 될지 부담이 될지는 그 한 박자에 달려 있습니다.

21~27점: 리듬 조절러 사람들 속에서 에너지를 얻지만, 혼자만의 시간도 꼭 필요합니다. 상황에 따라 속도를 조절할 줄 알아서 분위기를 띄우다가도, 조용히 빠져나올 타이밍을 잘 알죠. 중간에 먼저 일어나는 것이 미안해서 무리하게 자리를 지키지는 마세요. 적당한 때에 에너지를 아껴 둬야, 다음 모임에서도 지치지 않고 기분 좋게 어울릴 수 있습니다.

14~20점: 깊은 생각꾼 즉흥적으로 내뱉는 말보다 정리된 말을 선호하는 타입이에요. 세심히 관찰하고 깊이 듣는 힘 덕분에, 말이 적어도 꼭 필요한 순간엔 필요한 말을 합니다. 대화를 이어가는 게 어렵게 느껴진다면 상대가 방금 한 말 속에서 키워드를 하나만 골라보세요. 내 말을 기억하고 되물어준다는 사실만으로도, 상대는 나를 '말이 잘 통하는 사람'으로 느낄 겁니다.

13점 이하: 1:1 스페셜리스트 다수가 모인 자리보다 한 사람과 마주 앉을 때 훨씬 더 빛이 나는 타입입니다. 넓고 얕은 관계를 맺기보다, 믿을 수 있는 소수와 깊은 대화를 나눌 때 진짜 에너지가 생깁니다. 억지로 많은 사람과 어울리려 애쓰며 기운을 쏟기보다, 마음이 편한 사람과의 만남에 집중해 보세요. 특히 익숙한 주제나 공통 관심사를 중심으로 이야기를 나누면, 나의 진심과 강점이 자연스럽게 드러날 수 있습니다.

심리적 민감성

주변 분위기나 말투의 변화에 쉽게 마음이 움직이나요,
아니면 크게 신경 쓰지 않는 편인가요?

		1 2 3 4 5
1	별일 없어도 미리 걱정이 앞서는 편이다.	□□□□□
2	주변 사람의 표정이나 말투 변화에 금세 눈치 챈다.	□□□□□
3	누군가 기분이 안 좋아 보이면 괜히 내 탓인가 생각될 때가 있다.	□□□□□
4	감정이 올라오면, 표정이나 말에 먼저 드러나는 편이다.	□□□□□
5	다른 사람의 말투나 행동에 내 기분이 쉽게 영향을 받는다.	□□□□□
6	낯선 사람이나 새로운 상황에서는 조심스러워진다.	□□□□□
7	감정이 흔들리면, 다시 차분해지기까지 시간이 걸리는 편이다.	□□□□□

28점 이상: 초섬세 감각형 상대의 말 한마디, 미세한 표정 변화에도 크게 영향을 받는 타입입니다. 타인의 기분을 잘 읽는 만큼 내 마음도 쉽게 지치곤 하죠. 이럴 땐 상대의 태도를 깊게 분석하며 이유를 찾으려 애쓰지 마세요. 상대가 무뚝뚝한 데에는 내가 알 수 없는 수만 가지 사정이 있을 수 있습니다. 상대의 감정을 내 책임으로 가져오지 않는 것만으로도, 마음은 훨씬 가벼워질 것입니다.

21~27점: 영리한 공감형 상대의 기분을 빠르게 읽으면서도 적절한 거리를 유지할 줄 아는 타입입니다. 눈치가 빠르고 공감 능력이 뛰어나, 사람들 사이에서 조율사 역할을 잘 해내죠. 다만 주변의 불편함을 모두 해결해 주려다 보면 정작 나를 돌볼 에너지가 부족해질 수 있습니다. 누군가의 기분이 신경 쓰인다면, 상대 스스로 감정을 정리할 수 있도록 잠시 기다려 주는 것만으로 충분합니다.

14~20점: 안정된 필터형 주변의 감정 흐름을 인식하되, 쉽게 흔들리지 않는 편이에요. 급격한 분위기 변화 속에서도 중심을 잡고, 감정의 폭이 큰 사람들 사이에서는 자연스레 완충 역할을 합니다. 다만, 감정적인 사람과 대화할 땐 자칫 무심해 보일 수 있습니다. 이럴 땐 결론을 내기보다 상대의 이야기를 궁금해하며 끝까지 들어주는 것도 필요합니다.

13점 이하: 차분한 중심형 웬만한 일엔 감정이 크게 흔들리지 않는 타입이에요. 위기 상황에서도 침착함을 유지하기 때문에 주변 사람들에게 든든한 인상을 줍니다. 다만 감정 표현이 적다 보니, 주변에서는 나의 침묵을 '불편함'으로 오해하기도 합니다. 이럴 땐 "괜찮다."나 "알겠다." 같은 짧은 말이라도 먼저 건네면 좋습니다. 내 생각을 가볍게 표현하는 것만으로도 불필요한 오해를 줄일 수 있습니다.

대인수용성

다른 사람 마음을 먼저 헤아리는 편인가요,
아니면 내 기준이 더 확실한가요?

		1	2	3	4	5
1	다른 사람의 입장에서 생각하려 노력하는 편이다.	□	□	□	□	□
2	누군가 힘들다고 말하면, 도와주고 싶은 마음이 먼저 든다.	□	□	□	□	□
3	갈등 상황에서는 상대를 이해하고 조율하려 한다.	□	□	□	□	□
4	감정보다 관계의 조화를 더 중요하게 생각하며, 분위기를 원만하게 유지하려 한다.	□	□	□	□	□
5	팀 프로젝트에서 조화를 위해 양보하는 편이다.	□	□	□	□	□
6	누군가 실수를 해도 쉽게 용서하고 이해하려 한다.	□	□	□	□	□
7	감정보다 논리가 앞설 때, 인간관계가 소원해지는 것을 걱정한다.	□	□	□	□	□

28점 이상: 분위기 조화형 상대의 기분을 먼저 살피고, 어색한 분위기를 풀기 위해 먼저 말을 거는 다정한 타입이에요. 덕분에 주변에서 좋은 사람으로 통하지만, 양보가 반복되면 내 마음은 금세 지칠 수 있습니다. 누군가를 배려하기 전에 먼저 점검해보세요. '지금 나에게 그럴 에너지가 있나?' 무조건적인 양보보다 내 상태를 먼저 챙기는 연습이 필요합니다.

21~27점: 따뜻한 균형형 사람을 챙기면서도 적절한 선을 지킬 줄 아는 타입입니다. 하지만 주변의 기대를 모두 충족시키려다 보면, 정작 나를 돌볼 시간이 줄어들 때가 있죠. 모두에게 친절하려 하기보다, 나에게 소중한 관계부터 우선순위를 세워보세요. 선택과 집중이 가능해질 때, 배려는 부담이 아닌 즐거움이 됩니다.

14~20점: 논리 중심형 감정보다는 상황과 논리를 먼저 보는 타입이에요. 갈등이 생기면 사람의 마음보다 문제 해결에 집중하죠. 일 처리에선 신뢰를 얻지만, 대화할 땐 조금 차갑게 들릴 수 있습니다. 이럴 땐 결론을 내기 전, "힘든 상황이었겠네요." 같은 한마디를 먼저 보태보세요. 그것만으로도 관계의 온도가 달라집니다.

13점 이하: 팩트 직진형 기준이 뚜렷하고, 잘못된 건 바로잡아야 속이 시원한 타입이에요. 덕분에 일은 깔끔하지만, 말의 강도가 상대에게 상처로 남을 때가 있죠. 의견이 엇갈릴 땐, 바로 반박하기보다 "제가 이해한 게 맞을까요?"라고 먼저 물어보세요. 이 한마디가 불필요한 오해를 막고, 상대도 나의 말을 받아들일 마음의 시간을 갖게 합니다.

성실성

계획을 세워 차근차근 움직이는 게 편한가요,
아니면 상황에 맞춰 바로바로 대응하는 게 더 자연스러운가요?

		1 2 3 4 5
1	일을 시작하기 전에 미리 계획을 세우는 편이다.	□ □ □ □ □
2	맡은 일은 끝까지 책임지고 해내려 한다.	□ □ □ □ □
3	주어진 규칙이나 기준을 잘 따르려고 노력한다.	□ □ □ □ □
4	일을 할 때 우선순위를 정해서 차근차근 처리하는 편이다.	□ □ □ □ □
5	일이 잘 풀리지 않아도 쉽게 포기하지 않는다.	□ □ □ □ □
6	새로운 일을 시작할 때, 충분히 계획을 세우고 움직이는 편이다.	□ □ □ □ □
7	결정을 내릴 때 충분히 고민하고 신중하게 판단하려 한다.	□ □ □ □ □

28점 이상: 완벽주의 설계가　　새로운 업무가 주어지면 일정과 체크리스트부터 꼼꼼히 짜는 타입입니다. '혹시라도 빠진 건 없겠지?'라는 생각에 스스로를 몰아붙여 지칠 때가 있어요. 내 기준의 완벽함을 추구하기보다, 상대가 원하는 '최소한의 기준'을 먼저 확인해 보세요. 모든 항목에 100의 에너지를 쏟기보다, 상대가 중요하게 여기는 포인트에 집중하는 것이 더 효율적입니다.

21~27점: 믿음직한 조율가　　계획을 세워 차근히 실행하면서도, 예상치 못한 상황이 생기면 침착하게 방향을 조정할 줄 아는 타입이에요. 이런 균형감 덕분에 동료들에게 신뢰를 받지만, 정작 속으로는 이대로 괜찮을까 걱정이 밀려올 때가 있죠. 계획이 틀어졌을 때 혼자 고민하기보다, 현재 진행 상황을 주변과 공유해 보세요. 때로는 다른 사람들의 유연한 시선이 내 고민을 의외로 쉽게 해결해 주기도 합니다.

14~20점: 유연한 즉흥가　　틀에 박힌 계획보다 현장의 변수에 빠르게 대처하는 순발력이 뛰어납니다. 당황하지 않고 즉시 실행에 옮기는 힘이 강점이지만, 과정을 알 수 없는 동료들은 불안해할 수 있습니다. "지금 이 단계 진행하고 있어요."라고 나의 상황을 먼저 공유해 보세요. 완벽한 보고가 아니어도 괜찮습니다. 내가 진행하고 있다는 사실만 먼저 알려줘도, 동료들의 마음은 훨씬 편해집니다.

13점 이하: 자유로운 행동파　　계획에 얽매이기보다 내 속도와 기분에 맞춰 움직이는 것이 편한 타입입니다. 미리 준비하기보다 그때그때 처리하는 스타일이라, 때로는 일정이 촉박해져 어려움을 겪기도 하죠. 이럴 땐 마감일을 실제보다 하루 이틀 앞당겨 '나만의 마감일'을 만들어 보세요. 막판에 집중력이 발휘되는 내 성향을 역으로 이용하면 틀에 갇히지 않으면서도 결과물은 훨씬 안정적으로 완성할 수 있습니다.

개방성

새로운 경험과 변화를 반기는 편인가요,
아니면 익숙한 방식이 더 편한가요?

1	상상하는 걸 좋아하고, 종종 현실보다 생각 속에 빠질 때가 있다.	1 2 3 4 5 □□□□□
2	예술작품이나 아름다운 장면을 보면 감정이 움직인다.	1 2 3 4 5 □□□□□
3	생각이나 감정을 말이나 글로 표현하는 걸 즐긴다.	1 2 3 4 5 □□□□□
4	새로운 경험이나 낯선 것을 시도하는 데 두려움보다 호기심이 앞선다.	1 2 3 4 5 □□□□□
5	다양한 분야에 관심이 많고, 지적인 대화나 배움에 흥미를 느낀다.	1 2 3 4 5 □□□□□
6	관습이나 전통에 의문을 품고, 나만의 가치관을 스스로 정립하려는 편이다.	1 2 3 4 5 □□□□□
7	익숙한 방식보다 새로운 방법이나 시도를 즐기는 편이다.	1 2 3 4 5 □□□□□

28점 이상: 호기심 폭발형 새로운 주제만 나오면 밤새 자료를 찾아볼 만큼 호기심이 강한 타입이에요. 아이디어가 풍부하지만, 생각이 너무 많아 갈피를 잡기 어려울 때가 있죠. 그럴 땐 머릿속으로만 정리하려 하지 말고 일단 눈에 보이게 메모해 보세요. 마음속 흩어진 생각들이 눈앞에 펼쳐지면, 어떤 걸 살리고 버릴지 판단이 쉬워집니다.

21~27점: 유연한 적응형 새로운 시도를 즐기고 변화에 금세 적응하는 타입이에요. 아이디어를 바로 행동으로 옮기는 추진력이 강점이지만, 여러 일을 벌이다 마무리가 늦어질 때가 있습니다. 당장 실행할 수 있는 한 가지만 먼저 고르고, 나머지는 '아이디어 보관함'에 잠시 넣어두세요. 선택과 집중이 가능해질 때, 나의 창의력은 더 빠르게 결과물로 이어집니다.

14~20점: 현실 안정형 새로움보다 검증된 방식을 선호하고, 익숙한 구조 안에서 안정감을 느낍니다. 한 번 정한 방식을 꾸준히 밀고 나가는 끈기가 큰 장점이죠. 다만 모든 일이 계획대로만 되지는 않습니다. 평소 가보지 않은 길로 가보는 것처럼, 사소한 변화를 직접 시도해 보세요. 내가 먼저 조금씩 바꿔보는 연습을 해야, 갑작스러운 변화가 닥쳐도 덜 당황하고 유연하게 대처할 수 있습니다.

13점 이하: 안전 제일형 검증된 방식을 선호하며, 어떤 상황에서도 흔들림 없이 맡은 바를 완수하는 안정감이 가장 큰 무기입니다. 다만 세상이 너무 빠르게 변할 땐, 내 방식을 고수하는 것이 문득 불안하게 느껴질 수도 있죠. 내가 가진 고민을 혼자 껴안기보다, 다른 사람은 어떤 방법을 쓰는지 물어보고 관찰해 보세요. 그 작은 관심이 변화의 출발점이 될 수 있습니다.

성향에는 정답이 없습니다. 점수가 높다고 좋은 것도, 낮다고 나쁜 것도 아닙니다. 그저 나에게 더 익숙한 방식이 있을 뿐이죠.

이제 평소 대화가 유독 어렵게 느껴졌던 누군가를 떠올려 보세요. 그 사람은 어느 항목에서 점수가 높고, 또 어디에서는 낮을까요?

그렇게 한 번만 상상해 봐도 '왜 저렇게 말하지?'라는 의문이 조금은 풀릴 거예요. 대화가 막히는 이유는 누가 틀려서가 아니라, 서로 다르게 타고났기 때문입니다.

이 차이를 이해하기 시작하면, 관계는 훨씬 부드러워집니다.

“ 당신의 말이 틀린 것이 아니라 ”

상대가 당신과 다를 뿐입니다.

Chapter 2

[세대 차이]

우린 다른 환경에서 자라왔습니다

Intro

요즘 세대와 꼰대 사이

3~4년 전부터 세대 소통을 주제로 한 강의가 부쩍 늘었습니다. 초기에는 주로 신입사원들이 그 대상이었죠. 조직에 새로 들어온 이들이 회사와 선배 세대를 이해하고, 빠르게 적응하라는 취지였죠.

리더들에게도 같은 강의를 제안했지만, 반응은 대개 비슷했습니다.

"우리가요? 바쁜데요? 직장에 들어왔으면 알아서 적응해야죠. 저희도 그렇게 배웠는데요."

아이러니하게도, 그 말투는 그들이 그토록 답답해하던 요즘 세대의 '내가 왜요?'와 크게 다르지 않았습니다.

그런데 최근 들어 분위기가 달라졌습니다. 요즘은 리더들이 먼저 세대 소통 교육을 요청하죠. 불과 몇 년 사이에, 무슨 일이 있었던 걸까요?

예전 세대는 불만이 있어도 참고 다녔습니다. 리더들이 지금의 자리에 오를 수 있었던 것도, 때로는 억울하고 이해되지 않는 상황들을 버티며 조직에 적응해왔기 때문입니다. 하지만 이제는 분위기가 달라졌습니다. 요즘 세대는 힘들면 억지로 참기보다 회사를 떠나는 쪽을 선택합니다. 신입사원의 1년 이내 퇴사율이 급격히 높아지자, 리더들도 그제야 위기감을 느끼기 시작했습니다.

'우리 때와는 상황이 정말 다르구나. 뭐가 달라진 거지?'

서로를 멀어지게 만드는 건 차이보다 선입견

세대 소통은 언제나 조심스러운 주제입니다. 다른 세대라고 꼭 부딪히는 것도 아니고, 같은 세대라고 늘 잘 맞는 것도 아니니까요.

요즘 세대 역시 사소한 행동에도 '요즘 애들은 다 그렇다'라는 꼬리표가 따라붙은 상황을 꽤 부담스러워합니다. 관련 책이나 콘텐츠가 많아진 것도 그만큼 그들에 대한 사회적 관심이 뜨겁다는 뜻이겠지만, 정작 당사자 입장에서는 그 시선이 부담스럽기도 합니다. 제대로 된 업무를 맡기도 전에 요즘 애들은 개인주의적이라는 시선을 마주해야 하니까요.

기성세대도 사정은 다르지 않습니다. 혹시나 '꼰대'라는 말을 들을까 봐 쉽게 말을 꺼내지 못합니다. 후배가 시행착오를 겪어도 조언이 잔소리로 들릴까 봐 망설여지죠. 무심코 "나 때는 말이야."라는 말이 나오면, '라떼는 세대'로 몰릴까 봐 아예 입을 닫아버리기도 합니다.

결국, 서로가 서로를 조심하게 됐습니다. 하지만 이 불편함이 정말 이 시대만의 문제일까요? 기성세대가 젊었을 때는 세대 차이를 전혀 느끼지 않았을까요?

5000년 전에도 '요즘 애들'이 있었다

세대 차이는 결코 새로운 이야기가 아닙니다. 시대가 바뀔 때마다 반복되어 온 자연스러운 현상에 가깝습니다. 무려 5000년 전, 고대 수메르의 점토판 문자에도 '요즘 젊은이들은 버릇이 없다'는 기록이 남아있을 정도니까요. 소크라테스조차 요즘 애들은 부모 말을 거스르고 버릇이 없다며 한탄했습니다. 수천 년 전 어른들의 푸념도 지금과 크게 다르지 않았습니다. 다만 그 시절에는 이런 불만이 크게 퍼질 길이 없었습니다. 점토판에 새긴 글은 결국 근처 사람들만 볼 수 있었으니까요.

하지만 매체가 발달하면서 상황이 달라졌습니다. 예전에는 누군가와 소통하려면 직접 만나거나 전화를 걸어야 했지만, 이제는 키보드 몇 번만 두드리면 됩니다. 글 하나만 올리면 순식간에 퍼지고, 수천 명이 동시에 공감하거나 반박하며 이야기가 순식간에 퍼져나가기도 합니다. 예전에도 늘 있던 생각들이지만 더 쉽게 드러나고, 더 빠르게 퍼지는 것뿐입니다.

어쩌면 이건 건강한 신호일지도 모릅니다. 겉으로 드러났다는 건, 이제 서로의 차이를 제대로 마주하고 이해할 기회가 생겼다는 뜻이니까요.

7시 약속, 왜 15분 늦게 가야 할까?

프로젝트를 성공적으로 끝낸 뒤, 대표가 감사의 뜻으로 '저녁 7시까지 집으로 초대하겠다'고 했다면, 몇 시까지 가겠습니까?(안 간다는 선택지는 없습니다)

강의 중에 이 질문을 드리면, 대부분 '6시 50분에서 55분사이'라고 답합니다. 간혹 30분 일찍 가서 도와드리겠다는 분은 있었지만, 7시 이후에 가겠다는 사람은 없었습니다. 우리에겐 약속 시간을 지키는 것이 너무나 당연한 상식이자 예의이기 때문입니다.

그런데 프랑스에서는 정반대입니다. 약속 시간보다 15분 정도 늦게 도착하는 것이 예의죠. 손님 맞을 준비를 하는 호스트가 편하게 준비할 수 있도록 배려하는 것입니다. 실제로 외교부 사이트에도 15분의 예절(quart d'heure de politesse)이라는 용어를 소개할 만큼, 이들에게는 보편적인 문화입니다.

이 이야기를 들으면 대부분 '정말 그렇다고?' 하며 의아해합니다. 프랑스 사람들을 무례하다고 여기기보다, 다른 문화 자체를 신기하게 느끼는 거죠.

바로 이 태도가 소통의 핵심입니다. 내 기준으로 옳고 그름을 판단하기 전에, 있는 그대로 바라보는 시선, 나와 다르다면 그 이유가 무엇인지 궁금해하는 마음이 우리가 다른 세대를 바라볼 때도 필요합니다. 이 태도 하나가 세대 간 오해를 줄이는 가장 빠른 출발점이 될 테니까요.

상대의 '환경'을 검색해보세요

그래서 저는 강의에서 서로 다른 환경을 함께 살펴보곤 합니다. 기성세대는 어떤 시대를 살았는지, 중간 세대와 요즘 세대는 어떤 환경에서 자라왔는지요. 그래야 비로소 상대의 입장에서 생각할 수 있기 때문입니다.

환경을 살펴보며 '내가 그 상황을 직접 겪었다면 어땠을까?' 이런 질문을 스스로에게 해보는 거죠. '만약 내가 코로나 시절에 대학을 다녔다면? 2년 동안 동기 얼굴도 못 보고, 수업은 온라인으로만 듣고, 캠퍼스 낭만도 없었다면?' 기성세대가 당연하게 누렸던 캠퍼스의 활기와 끈끈한 네트워크는 경험조차 못 했을 겁니다. 그걸 상상해 보는 거죠.

IMF 시절에 사회 초년생이었다면 또 어땠을까요? 부푼 꿈을 안고 첫 직장에 들어갔는데 한순간에 회사가 휘청거립니다. 언제 구조조정을 당할지 몰라 늘 불안한 상황 속에서 청춘을 보냈다면, 안정과 생존에 집착할 수밖에 없는 선배들의 마음이 조금은 이해되지 않을까요.

소통에도 '설명서'가 필요합니다

새 제품을 사면 우리는 먼저 설명서를 찾습니다.

기성세대는 상자 속 종이 설명서를 펼치고, 중간 세대는 블로그를 검색하고, 요즘 세대는 유튜브나 AI를 활용하죠. 정보를 얻는 방식은 달라도 이유는 같습니다. 제품을 더 잘 활용하고, 덜 헤매기 위해서죠.

물건 하나에도 이렇게 사용법을 찾아보면서, 정작 사람과의 관계에서는 상대를 알아보려는 최소한의 노력조차 생략할 때가 많습니다. 내 방식대로 몇 번 시도해 보다가 '답답해, 왜 이렇게 느려?' 하고 성급히 결론을 내려버리는 것이죠.

이제 상대를 '고유한 사용설명서가 있는 존재'라고 생각해 보세요. 사람에게도 마음이 열리는 저마다의 고유한 방식이 있습니다. 상대를 이해하는 건 결국 나를 위한 일입니다. 알면 알수록 덜 부딪히고, 훨씬 효율적으로 소통할 수 있으니까요.

Theme 1.

일을 대하는 태도와 주도성

버텨야 성장한다는 말, 아직도 통하나요?

"회사 다니기 힘든데, 왜 꼭 버텨야 하죠?"

요즘 Z세대는 '언젠가 은퇴'보다 '잠깐씩 은퇴'를 꿈꿉니다. 정년이라는 먼 미래를 바라보며 무작정 참기보다 일하는 중간중간 적절한 재충전의 시간을 가지는 거죠.

한 조사에 따르면, Z세대 구직자의 65%가 마이크로 은퇴(퇴사나 휴직을 통해 중간 휴식기를 갖는 방식)를 선호한다고 답했습니다. 이유는 단순했습니다.

'여행하고 싶어서.'

다른 어떤 이유보다 압도적으로 높았죠.

기성세대는 이 모습을 보며 묻습니다.

“요즘 친구들은 왜 그렇게 쉽게 퇴사할까?”

“고생을 모르고 살아서 그런 거 아니야?”

하지만 단순히 ‘끈기 부족’만으로 설명하기엔 부족합니다. 세대가 마주한 상황이 이전과는 확연히 다르기 때문입니다.

기성세대: 열심히 하면 괜찮게 살 수 있었던 세대

기성세대에게 회사는 믿고 다닐 수 있는 곳이었습니다. 조직에서 성실히 일하기만 해도 월급을 모아 집을 마련하고, 아이를 키우고, 노후까지 준비할 수 있었죠. 그래서 굳이 회사를 그만둘 이유가 없었습니다. 오히려 ‘이 안에서 어떻게 더 잘할까’, ‘어떻게 인정받을까’ 더 고민했죠. 야근이나 회식도 지금 기준으로 보면 이해하기 어려울 수 있지만, 당시에는 그만큼 회사에 시간을 쏟아도 ‘그럴 만한 가치’가 충분했던 시대였습니다.

그리고 지금 조직에 남아 있는 기성세대는 그 치열한 환경 속에서 버티며 자신을 증명해 리더가 된 사람들입니다. 그렇기 때문에 그들은 자신이 걸어온 방식에 대한 확신도 큽니다.

“열심히 해 봐. 나도 그렇게 해왔어.”

비록 인원수는 적을지 모르지만, 리더의 위치에 있는 만큼 이들의 가치관은 조직 운영에 큰 영향을 미치기도 합니다.

중간세대: 어떻게든 버티는 게 최선이었던 세대

시간이 지나면서 환경이 달라졌습니다. 예전처럼 회사가 평생을 책임져 주는 울타리가 되어주지 못하게 된 거죠. 당연하게 여겼던 회사의 안정성이 흔들리기 시작했습니다.

그런데 밖의 세상은 더 막막했기 때문에 여전히 회사 안에서 버티는 게 최선이었죠. 직장은 완전히 안전한 울타리는 아닐지라도, 그래도 '밖보다는 훨씬 나은 곳'이었습니다. 그래서 중간 세대는 어떻게든 버틸 수밖에 없었습니다.

그렇다고 이들이 기성세대처럼 조직에 헌신하는 것을 당연하게 여겼던 건 아닙니다. 야근이나 회식이 솔직히 싫을 때도 많았지만, '사회생활이니까 당연히 해야 하는 일'이라 생각하며 참고 따를 때도 많았습니다.

그래서 요즘 세대의 솔직하고 단호한 태도를 보며 마음이 복잡해지는 것도 사실입니다. 우리는 차마 입 밖으로 꺼내지 못했던 말을 당당하게 내뱉는 모습에 대리 만족과 부러움을 느끼다가도, '그래도 사회생활인데 너무 제멋대로만 하는 건 아닌가?' 하는 당황스러움도 동시에 밀려옵니다. 이것이 오늘날의 낀 세대가 느끼는 솔직한 마음입니다.

그렇다고 손 놓고 있었던 것도 아닙니다. 이 세대는 살아남기 위해 스스로를 단단하게 만들었습니다. 퇴근 후엔 학원으로, 주말엔 대학원으로 향했죠.

"힘들어도, 일단 버텨봐. 기회를 잡으려면 준비돼 있어야 해."

중간세대는 그렇게 현실을 버텼습니다.

요즘 세대: 버텨도 삶이 나아지지 않는 세대

요즘 세대는 너무 일찍 깨달았습니다. 아무리 안정적인 회사에 들어가도, 월급만으로는 삶이 나아지기 어렵다는 현실을요.

"부모님은 평생 한 직장에서 일하며 인생을 바치셨지만, 저희 세대는 그렇게 해도 집 한 채 사기 어렵습니다. 그렇다면 적어도 내가 좋아하는 일을 하며 살고 싶어요."

흔히 이 세대를 고생을 피하려는 세대로 오해하지만, 사실은 다릅니다. 이들은 의미 없는 고생을 싫어할 뿐, 의미 있는 노력에는 누구보다 기꺼이 자신을 투자합니다. 힘들어도 그 안에서 성장과 보람을 느낄 수 있다면, 기꺼이 감당하죠.

한 목수 청년이 방송 인터뷰에서 이렇게 말했습니다.

"몸을 써서 일하는 만큼 결과물이 보이니까 좋아요. 그게 저한테는 보상이거든요."

요즘 세대는 이미 알고 있습니다. 버틴다고 미래가 보장되지 않는다는 것을. 그리고 밖에도 수많은 새로운 길이 존재한다는 것을요.

"회사 일이라서가 아니라, 내가 하는 일이니까요"

요즘 세대는 회사라는 조직에 충성하지 않습니다. 그렇다고 일을 가볍게 하는 것은 아닙니다. 오히려 누구보다 몰입하죠. 다만 그 몰입의 대상이 회사에서 일로 바뀌었을 뿐입니다.

한 가구 회사의 광고가 이 마음을 잘 보여줍니다

"선배들은 내가 월급 루팡이 될 때가 제일 행복할 거라 생각하지만, 사실 난 밤새 준비한 일이 칭찬받았을 때, 내가 혼자 해낸 결과물이 통과됐을 때 제일 기뻤다."

요즘 세대를 움직이는 힘은 '회사 일이니까 해야지'가 아니라 '내가 더 잘해보고 싶다', '이번엔 성장하고 싶다'는 마음입니다.

요즘 세대를 움직이는 것 - ① 이유가 보일 때

이들에게 일은 의무가 아니라, 내가 더 나아지기 위한 투자에 가깝습니다. 그래서 그 일이 나의 성장과 연결되어 있다는 확신이 들 때 비로소 진심을 다합니다. 이때 리더의 한마디는 그들의 동기에 불을 지필 수도, 순식간에 꺼뜨릴 수도 있습니다.

A "우리 팀, 다음 주에 있을 핵심 전략 회의 자료 준비해 주세요. 세련되고 임팩트 있게 만들어야 합니다."

B "핵심 전략 회의 자료는 지난 분기 보고서 블루 톤 그대로 써주세요. 도입부 세 장엔 경쟁사 B사 데이터를 꼭 넣고, 비교 그래프는 지난번 양식으로 맞출게요. 폰트는 휴먼명조 12포인트, 제목은 14포인트. 마지막 슬라이드엔 CEO 인용구 세 줄 넣고요, 문장 톤은 '도전'보다는 '안정감'으로 가주세요. 오늘 오후 3시까지 초안 가능한가요? 보고 다시 이야기하죠."

어떤 지시가 더 나을까요? 강의 현장에서 이 질문을 던지면, 대부분의 선배 세대는 B에 손을 듭니다. 모호한 지시는 안 좋다고, 오랫동안 들어왔기 때문이죠.

하지만 두 방식 모두 결정적인 아쉬움이 있습니다. A처럼 말하면 팀원은 '도대체 어쩌라는 거지?'라고 생각하거든요.

반면, B처럼 말하면 '이럴 거면 직접 하지, 왜 나한테 시키지?' 이런 생각이 들죠. 모든 게 정해져 있으니 그저 시키는 대로만 하게 됩니다.

좋은 지시는 그 사이 어딘가에 있습니다. 방향은 제시하되, 방법은 맡겨두는 것. 그래야 스스로 판단하고 배우며 성장할 수 있습니다. 다만, 모든 상황이 이렇게 이상적일 수는 없습니다. 현장에서는 자율성을 주고 싶어도 줄 수 없는 순간들이 분명히 있으니까요. 그럴 땐 왜 모든 것을 규정하는지, 지금은 선택권을 줄 수 없는지 그 배경을 설명해주는 것이 중요합니다.

"C사 담당자가 워낙 완고한 편이라, 본인들이 정해둔 양식에서 벗어나면 검토 자체를 안 하려고 하더라고요. 공들인 기획안이 내용도 보여주지 못하고 반려되면 너무 아깝잖아요. 이번엔 저쪽 기준에 맞춰서 확실하게 통과시키는 데 집중해 봅시다."

이유를 알면 사람은 스스로 움직입니다. 그냥 하라니까 하는 것과 왜 해야 하는지 알고 하는 것은 속도뿐 아니라 마음가짐도 완전히 달라지기 때문입니다.

요즘 세대를 움직이는 것 - ② 수고를 알아주는 한마디

현실적으로 모든 일이 성장의 기회가 될 수는 없습니다. 누군가는 단순하고 반복적인 일도 해야 하죠. 특히 막내일수록 그런 일이 더 많습니다. 보고서 복사, 연락 돌리기, 회의 준비 같은 일들은 의미보단 '해야 하는 일'에 가깝습니다.

그래서 이럴 때마다 이 일도 다 의미가 있다고 말하는 것은 오히려 부담이 됩니다. 그보다 노력을 알아주는 확실한 말 한마디가 훨씬 힘이 됩니다.

"복사 미리 해놨네, 고마워."

"회의 준비를 잘 해준 덕분에 시작이 매끄러웠어. 수고했어."

이렇게 구체적으로 인정해주는 말은 오래 남습니다. '너 덕분에'라는 표현 안에는 그 일을 해낸 사람을 바라보는 시선이 담겨 있기 때문이죠.

그래서 굳이 일을 의미 있게 포장하지 않아도 됩니다.

"수고했어."

"고마워."

그 짧은 한마디면 충분할 때가 훨씬 많습니다.

이런 인정이 쌓일 때 비로소 세대 간 신뢰가 생깁니다. 기성 세대의 끈기가 지금의 조직을 단단하게 만들었다면, 요즘 세대의 자율은 그 조직을 더 유연하게 바꾸죠.

단단함과 유연함. 이 두 흐름이 만날 때, 조직은 가장 건강하게 성장합니다.

이걸 제가 왜 해야 하죠?

"신입 때는 제 이름을 불러주기 바랐던 것 같아요. 그런데 지금은 퇴근할 때까지 제 이름이 안 불렸으면 좋겠어요."

이 한 마디에 수많은 직장인이 폭풍 공감했습니다. 무엇이든 시켜달라며 눈을 반짝이던 이들이, 시간이 흐르며 '제발 나만 빼고 넘어가 달라'고 속으로 외치게 된 것이죠.

그런데 요즘은 이런 변화의 과정을 아예 건너뛰는 후배들도 많습니다. 처음부터 똑같이 반짝이는 눈빛으로 당당하게 물어보는 거죠.

"이걸요? 제가요? 왜요?"

후배의 질문에, 선배는 솔직히 이렇게 되묻고 싶을 때도 있습니다.

"응, 네가. 그럼 내가 하니?"

주니어 세대의 '왜요?'
: 더 잘하고 싶은 마음에서 시작되는 질문

요즘 세대가 말하는 '왜요?'는 단순한 불만이 아니라 궁금증에서 출발합니다.

'더 빠르고 효율적인 방법이 있는데, 그렇게 하면 안 되나요? 굳이 이렇게 해야 하나요?'

새로운 기술과 효율적인 방식을 실시간으로 접해온 이들은, 지금보다 더 좋은 방법이 있을 수 있다고 자연스럽게 생각합니다.

문제는, 그들이 찾은 효율적인 방법이 조직의 복잡한 현실과 항상 맞아떨어지지는 않는다는 점입니다. 조직은 단순히 효율만으로 움직이는 곳은 아니기 때문이죠. 보안과 예산, 일정은 물론 수많은 부서와의 협업까지 수많은 이해관계를 동시에 살피고 조율해야만 합니다.

이런 상황에서 두 사람은 각자 다른 생각을 하게 됩니다.

후배: '이 방법이 훨씬 빠르고 효율적인데, 왜 굳이 저렇게 비효율적인 방법을 고수하실까?'

리더: '효율만 본다고 되는 게 아닌데, 회사 사정을 잘 모르니 저런 소리를 하지. 이걸 어디서부터 어떻게 설명해야 하나.'

사실 두 사람 중 누구도 틀린 것은 아닙니다. 그저 각자가 알고 있는 정보가 다르고, 상황을 바라보는 관점이 다를 뿐이죠.

리더의 대응: 제지하기보다 함께 찾기

후배의 '왜요?'라는 질문을 부정적으로만 받아들이면 대화는 금세 벽에 부딪히고 맙니다. 하지만 이 질문을 기존 방식을 되돌아보고 새로운 생각을 들어볼 기회로 삼는다면 이야기는 달라집니다. 조직의 한계 안에서도 우리가 시도할 수 있는 더 나은 방법은 늘 존재하기 때문입니다.

(X) "우리는 10년째 이렇게 해왔어. 그냥 시키는 대로 해."

(O) "이번 프로젝트의 핵심은 고객 만족이야. 네가 말한 B 방식이 효율성은 분명 높아 보여. 다만, 현실적으로는 보안이나 리스크가 좀 걸려. A를 선택한 이유도 그 때문이거든. 보안 부분을 보완할 아이디어가 있을까?"

리더의 역할은 단순히 '틀렸다'고 선을 긋는 것이 아니라, 현실적인 제약 안에서 가능한 최선의 방법을 함께 찾아가는 것입니다.

만약 후배의 제안이 타당하다고 판단된다면, 이렇게 방향을 잡아주면 좋습니다.

"좋아요. 그 방향으로 진행해 보죠. 대신 이 방식은 보안 이슈가 생길 수 있으니, 외부 공유 전에 저랑 먼저 점검하기로 해요. 수요일쯤 중간 결과 공유해 주면 피드백 줄게요."

이렇게 하면 방임처럼 느껴지지 않으면서도, 사소한 부분까지 통제받는다는 느낌을 주지 않아 서로의 신뢰를 지켜줍니다.

핵심은 현실적인 제약과 어려움을 먼저 솔직하게 공유하고, 그 조건 안에서 일을 어떻게 진행할지 공통의 가이드라인을 맞춰두는 것입니다. 그러면 후배는 어디까지 자율적으로 움직일 수 있는지 감을 잡게 되고, 리더는 업무가 엉뚱하게 흘러갈 걱정을 줄일 수 있습니다.

Why보다 What으로 묻는 힘

후배 입장에서도 '어떻게 묻느냐'는 정말 중요합니다. 같은 의도를 가진 질문이라도, 단어 하나, 말투 한 끗 차이에 따라 대화의 온도가 완전히 달라지기 때문입니다.

(✕) "이 보고서, 왜 굳이 긴 텍스트를 다 써야 해요? 그냥 핵심 키워드로만 정리하면 안 되나요?"

(○) "팀장님, 이번 보고는 공유 대상자가 많다고 하셨잖아요. 그렇다면 핵심 수치 위주로 한눈에 들어오게 정리해 보는 건 어떨까요? 그래야 보시는 분들이 상황을 훨씬 빨리 파악하실 수 있을 것 같아서요."

두 문장 모두 '키워드 위주로 요약하는 게 낫지 않을까?'라는 같은 생각에서 출발했지만 전자는 리더의 방식을 부정하는 말처럼 들리고, 후자는 리더가 강조했던 조건을 기억하고, 그 목적에 더 맞는 대안을 고민했다는 인상을 줍니다.

리더도 이 두 질문은 전혀 다르게 들립니다. 전자는 '내 판단이 틀렸다는 건가?' 싶고, 후자는 '내가 했던 말을 잘 기억하고 있네. 나름 더 좋은 방법도 고민해 봤군.' 하는 생각이 듭니다.

그래서 "왜요?"라고 묻고 싶을 때는 질문의 방향을 이렇게 바꿔 말하면 좋습니다.

"팀장님이 말씀하신 취지대로라면, 이런 방법을 더해보는 것도 좋을 것 같은데 어떻게 생각하세요?"

결국 똑같은 질문이지만, 말하는 순서만 살짝 바꿔도 리더의 반응은 달라집니다. 내 지시를 무시하는 게 아니라, 함께 더 좋은 방법을 찾으려는 노력으로 느끼게 되거든요.

하기 싫은 일도, 나만의 방식을 더하면 달라진다

모든 '왜요?'가 잘해보고 싶은 의욕에서 나오는 건 아닙니다. 때로는 하기 싫은 마음과 이걸 내가 왜 해야 하나 싶은 귀찮음이 섞여 있을 때도 있죠.

하지만 직장생활을 하다 보면 하기 싫어도 해야 하는 일이 생기기 마련입니다. 이럴 때 가장 현명한 방법은 그 안에서 내가 즐겁게 몰입할 수 있는 요소를 찾아내는 것입니다. 아무리 평범한 일이라도 '내 방식'이 들어가는 순간 그 일의 가치와 의미는 완전히 달라지니까요.

충주를 전국에 알린 '충주맨'의 사례가 대표적입니다. 지금은 모두가 성공한 공기업 유튜브라고 이야기하지만, 사실 유튜브는 시장님의 지시로 맡게 된 업무였습니다. 연간 예산은 61만 원, 담당자는 단 한 명. 막막하고 부담스러운 상황이었죠.

하지만 그는 환경을 탓하기 보다 본인이 가장 잘하는 유머와 B급 감성을 영상에 녹여냈습니다. 그렇게 나만의 방식으로 만든 영상들은 사람들의 큰 호응을 얻었고, 결국 여러 대기업과 정부 기관의 스카우트 제안까지 이어졌죠.

떠맡은 일이라도 그 안에서 나만의 효율적인 방식을 찾아내려 고민하는 사람은 단순한 성과 이상의 가치를 만듭니다. 일을 대하는 그 한 끗 차이가 결국 나라는 사람의 실력과 평판을 증명하는 가장 확실한 증거가 되기 때문입니다.

중간 세대의 '왜요': 이미 겪어봤기에 나오는 질문

중간 세대의 '왜요?'는 요즘 세대와는 느낌이 조금 다릅니다. 이들은 정말 몰라서 묻기보다는, 오히려 너무 잘 알아서 묻는 경우가 많거든요.

"어차피 안 바뀔 텐데, 왜 굳이 해야 하죠?"

이미 여러 번 시도해보고 결과가 허무했다면, 굳이 불필요한 고생을 반복하고 싶지 않은 마음이 앞서는 것은 당연합니다. 단순히 열정이 부족해서가 아니라, 결과가 뻔히 보이는 일에 무모하게 뛰어들고 싶지 않은 것이죠.

사실 이들은 대놓고 "왜요?"라고 묻는 일조차 드뭅니다. 대신 굳은 표정이나 깊은 한숨 같은 무거운 분위기로 마음을 전하죠.

'이번에도 고생만 하는 거 아니야? 대체 왜 이걸 또 하라는 거지.'

이럴 때 필요한 건 무조건 해보자는 독려나 재촉이 아닙니다. 이번엔 다를 거라는 막연한 희망보다 지난번과 무엇이, 어떻게 달라졌는지 보여주는 구체적인 근거가 필요합니다.

(O) "지난번 프로젝트 때 위에서 방향이 계속 바뀌면서 우리 팀원들이 정말 고생 많았죠. 그 부분은 제가 잘 알고 있습니다. 그래서 이번엔 전무님과 논의해 미리 큰 방향을 세 단계로 확정해 뒀어요. 설령 추가 조정이 생기더라도, 최소한 우리 팀에 다시 부담이 가지 않게 정리해 뒀습니다."

과거 일을 이야기할 때는, 단순히 '그땐 힘들었죠.'라는 위로만으로는 부족합니다. 무엇이 힘들었는지 제대로 알고 있다는 공감, 이번엔 그 부분을 어떻게 조율했는지에 대한 대답. 이 두 가지가 구체적으로 보여야, 비로소 지친 마음이 다시 움직일 수 있습니다.

팀의 분위기를 만드는 중간 세대

중간 세대는 팀 안에서 가장 현실을 잘 아는 사람입니다. 리더가 방향을 제시한다면, 중간관리자는 팀의 분위기를 만드는 사람이죠. 그들의 말 한마디, 표정 하나는 팀 분위기를 크게 좌우합니다.

특히 선배가 무심코 내뱉는 한숨은 후배들에게 생각보다 큰 영향을 줍니다. 리더가 한숨을 쉬면 후배에게는 상황을 파악할 통로가 있습니다. 직접 선배에게 "팀장님 무슨 일 있으세요?"라고 묻거나, 옆에 있는 선배의 반응을 보며 상황을 가늠해 볼 수 있기 때문입니다. 중간에 있는 선배가 리더의 한숨을 해석하고 걸러주는 완충 역할을 하는 것이죠.

하지만 그 통로인 선배마저 한숨을 쉬면 이야기가 달라집니다. 선배의 표정에서 '이건 별로다'라는 부정적인 느낌은 분명히 전달되는데, 리더에게 직접 상황을 묻기엔 거리감이 있으니까요.

그 순간부터 후배는 일보다 선배의 기색을 먼저 살피기 시작합니다. 분위기를 파악하며 눈치껏 행동하는 데 더 많은 에너지를 쓰게 되는 거죠.

그래서 나의 말 한마디, 내 표정 하나가 팀을 움직이게도, 멈추게도 만든다는 사실을 잊지 말아야 합니다. 때로는 리더의 백 마디 지시보다 바로 곁에 있는 선배의 반응 하나가 팀의 분위기를 더 빠르게 바꾼다는 것을 말입니다.

중간 세대의 가장 큰 자산은 경험입니다. 한 번 겪어봤기 때문에, 어디서 막히고 어디서 시간이 낭비되는지 누구보다 잘 알고 있습니다.

그리고 조직은 쉽게 바뀌지 않는다는 것 또한 잘 알고 있죠. 그래서 한꺼번에 모든 걸 바꾸려 하기보다, 당장 바꿀 수 있는 작은 부분부터 리더에게 제안하는 것이 더 현명합니다.

(✕) "이걸 또 해야 해요? 지난번에도 일정 다 밀려서 고생했잖아요."

(○) "팀장님, 지난번 보니까 예산이 늦어지면 외주 일정도 같이 밀리더라고요. 이번에도 비슷한 상황이 생길까 봐 좀 걱정돼서요. 초반에 예산 방향만 먼저 확인해 주시면 저희가 스케줄 잡기가 훨씬 수월할 것 같습니다."

리더가 해야 할 일을 구체적으로 요청하는 것 또한 경험 많은 중간 세대의 중요한 역할입니다. 그래야 이번에는 똑같은 실수를 반복하지 않을 수 있으니까요.

리더의 역할:
위의 지시를 팀이 납득할 수 있는 언어로 풀어내는 힘

리더는 상부의 지시가 비효율적이라는 사실을 알면서도, 구성원에게 이를 전달해야 하는 난처한 상황에 놓이기도 합니다. 이럴 때 상부의 지시를 그대로 옮기기보다, 팀이 현실적으로 움직일 수 있도록 방향을 다시 잡아 주는 것이 리더의 중요한 역할입니다.

(✕) "하라면 해야지. 뭐 어쩌겠어요."

(○) "전무님이 최근 세미나에서 이 주제를 직접 듣고 꽤 인상 깊으셨나봐요. 지금 의지가 워낙 강하셔서 우리 입장에서도 무작정 안 된다고만 하기엔 좀 어려운 상황입니다. 번거롭더라도 초안 수준으로만 정리해 주세요. 제가 다시 조율해 보겠습니다."

이처럼 리더가 솔직하게 이야기하면, 적어도 팀원들이 상황을 이해하고 움직일 수 있게 됩니다.

하나부터 열까지 다 알려줘야 하나요?

어느 날 신입 후배와 커피를 마시며 요즘 일은 어떤지 물었습니다.

후배는 잠시 머뭇거리다 답했습니다.

"열심히는 하는데, 솔직히 너무 어렵습니다."

알고 보니 후배는 업무가 막힐 때마다 선배에게 물었지만, 돌아오는 대답은 늘 같았다고 합니다.

"더 고민해 봤어요? 스스로 생각해 보고 다시 이야기해요."

후배는 나름대로 며칠을 끙끙대다 질문한 것이었지만, 선배 눈에는 아무 생각 없이 묻는 것처럼 보였던 모양입니다. 결국 후배는 참다못해 선배에게 속마음을 꺼냈습니다.

"혼나는 건 괜찮습니다. 다만 무엇을, 어떤 방향으로 고민해야 하는지 그 방법만큼은 알려주셨으면 좋겠습니다."

선배는 그 말에 잠시 멈칫했습니다. 선배에게는 질문하기 전 최소한 두세 가지 대안을 정리해 오는 것이 '당연한 기본'이었기 때문입니다. 하지만 선배는 그 당연한 기준을 후배에게 가르쳐준 적이 없었습니다.

선배는 잠시 생각한 뒤, 처음으로 구체적인 기준을 일러주었습니다.

"앞으로는 질문하러 올 때 스스로 생각한 방향을 두 가지 정도 정리해 보세요. 그리고 왜 그렇게 생각했는지 이유도 함께 가져와 봐요. 그럼 같이 답을 찾아봅시다."

그제야 후배는 고개를 끄덕였습니다. 어떻게 준비해야 할지 가이드를 듣고 나니 비로소 고민을 시작할 수 있게 된 것이죠. 그날 이후 후배는 일을 대하는 태도가 훨씬 능동적으로 변했습니다.

중간 세대의 성의 vs 요즘 세대의 효율

선배 세대에게 '스스로 알아 오는 것'은 예의이자 성의였습니다. 직접 부딪히며 답을 찾아가는 과정이 곧 성장이라 배웠으니까요.

하지만 요즘 세대는 다릅니다. 이들은 모르는 것이 생기면 사전을 찾기보다 검색창에 묻거나 AI에게 물어보는 것이 자연스럽습니다. 질문 하나면 필요한 정보와 요약된 답변을 즉시 얻을 수 있으니까요. 이들에게 중요한 건 얼마나 오래 고민했느냐가 아니라 '얼마나 빨리 답을 찾을 수 있는가'입니다. 그래서 굳이 시간을 들여 헤매기보다, 이미 경험해 본 선배에게 묻는 게 더 효율적이라 생각합니다. 그게 이들에게는 지극히 합리적이고 익숙한 방식입니다.

문제는 바로 물어보는 이런 태도가 선배 세대에게는 스스로 생각하지 않는다는 모습으로 비치곤 한다는 점입니다. 선배는 질문 자체가 싫은 게 아닙니다. 다만 고민의 흔적 없이 정답만 얻으려는 태도가 성의 없게 느껴지니, 대답 또한 방어적으로 나갈 수밖에 없는 거죠.

AI에게 질문할 때도 마찬가지입니다.

A "브랜딩에 대해 설명해 줘."

B "브랜딩의 개념을 여덟 살 아이도 이해할 수 있게 쉬운 비유를 들어서 설명해 줄래?"

AI에게 물을 때도 마찬가지입니다. 단순하게 "이거 알려줘"라고 물으면, 단편적인 답만 돌아옵니다. 하지만 목적과 조건을 구체적으로 알려주면 결과가 달라지죠.

사람 사이의 대화도 마찬가지입니다. 내 상황과 구체적으로 전할수록, 상대방에게서도 더 깊이 있는 답이 돌아옵니다.

선배에게 좋은 답을 얻는 질문법

- **질문의 목적**: "선배님, ○○ 업무 건으로 조언을 좀 구하고 싶습니다."
- **현재 상황 공유**: "지금 제가 파악하고 있는 상황은 이렇습니다."
- **고민의 흔적**: "나름대로 A와 B 두 가지 방향으로 고민해 봤는데요."
- **의견 묻기**: "제 생각에는 B가 더 적절해 보이는데, 선배님이 보시기엔 놓친 부분이 없을까요?"

결국 무엇을 묻느냐보다 어떻게 묻느냐가 중요합니다. 좋은 답을 얻는 방법은 AI에게도, 사람에게도 다르지 않습니다.

혼자 오래 끙끙대지 않게, 30분 규칙

하지만 두세 가지 정도의 방향을 찾느라 사흘 밤낮을 보내는 건 오히려 비효율적입니다. 답이 나오지 않는 고민을 무작정 붙잡고 있으면 후배는 금세 지치기 마련이죠. 그래서 선배가 고민의 '골든타임'을 함께 정해주는 게 좋습니다.

"30분 동안 스스로 정리해 보고, 그래도 답이 안 보이면 그때 이야기하자."

이 시간은 상황에 따라 10분일 수도, 하루일 수도 있습니다. 중요한 건 언제까지 혼자 고민해 보고, 언제부터는 도움을 받을지 기준을 세우는 것입니다.

기준이 생기면 선배도 훨씬 돕기 수월해집니다. 스스로 고민해 본 후배는 성장의 속도부터 다르기 때문입니다. 결국 중요한 건 얼마나 오래 고민했느냐가 아니라, 어디까지 스스로 해봤느냐입니다.

후배가 스스로 고민한 결과를 들고 왔다면, 이제는 선배가 속도를 맞춰 반응해야 할 차례입니다. 요즘 세대는 즉각적인 피드백을 통해 방향을 수정하며 배우는 데 익숙합니다. 질문하면 곧바로 답이 돌아오는 환경에서 자랐기 때문에, 피드백이 늦어지면 금세 의욕이 떨어집니다. 그래서 후배가 고민의 흔적을 들고 왔을 때는 가급적 그 자리에서 바로 반응해 주는 것이 좋습니다.

이때 가장 피해야 할 말이 있습니다.

"다시 해와."

이 말엔 아무 정보가 없습니다. 무엇을, 어떻게 고쳐야 하는지 모르는 후배는 결국 같은 자리에서 다시 헤매게 됩니다.

"지금 시안은 시각적인 완성도는 높지만, 첫 화면의 메시지가 조금 약하네요. 제목 근처에 요약 문장을 한 줄 넣으면 보는 사람이 훨씬 빨리 이해할 수 있을 겁니다."

이 정도 가이드만 주어도 후배는 자신이 놓친 부분을 정확히 확인할 수 있고, 나아가 어디를 수정해야 할지, 어떤 방향으로 다시 시도해야 할지 판단할 수 있습니다.

칭찬은 후배도 춤추게 한다

그리고 잘했으면 칭찬도 해야 합니다. 그런데 칭찬에도 방법이 있습니다.

(✕) "잘했어요."

(○) "지난번보다 논리 구조가 훨씬 깔끔해졌네요. 전에는 '어떻게 할지'부터 나와서 왜 하는지가 궁금했는데, 이번엔 '무엇이 문제인지'부터 짚어주니 뒤에 나오는 해결책들이 훨씬 설득력 있게 들립니다."

두 문장 모두 칭찬이지만, 받는 사람의 느낌이 전혀 다릅니다. 단순히 "잘했다"라는 말만으로는 후배가 자신의 어떤 점이 강점인지, 앞으로 무엇을 더 발전시켜야 할지 알기 어렵습니다.

반대로 잘한 부분을 구체적으로 말해주면, 후배는 '이런 식으로 하면 되는구나.'라는 확신을 얻으며, 칭찬 속에서 자연스럽게 일의 방법을 배우게 됩니다. 그리고 나아가 선배가 나의 변화를 발견하고 인정해 주었다는 사실은, 후배 스스로 '내가 정말 성장하고 있다'라는 사실을 느끼게 만드는 가장 확실한 동기가 되죠. 이처럼 성장의 기쁨을 느껴본 사람은 다음 업무에서도 더 나은 결과를 내기 위해 스스로 노력하게 됩니다.

결국 구체적인 칭찬은 요즘 세대가 중요하게 여기는 '성장하고 싶은 마음'과 '인정받고 싶은 욕구'를 동시에 채워주는 가장 효과적인 보상입니다.

Theme 2.

일터의 공간과 시간

출근 9시, 당신에겐 도착인가요, 시작인가요?

최근 〈나 혼자 산다〉에 나온 신입 아나운서의 출근 장면이 큰 공감을 얻었습니다. 9시 출근인 그는 8시 52분에 회사 주차장에 도착했지만, 바로 사무실로 향하지 않았죠. 차 의자를 뒤로 젖히고 유튜브를 보며 잠깐 숨을 고릅니다. 그리고 8시 58분이 되어서야 사무실로 향했죠.

"제가 칼출근 하는 편이라, 회사에 오면 기를 좀 모으고 나가야 해요."

그에게 그 6분은 일하기 전 마음을 가다듬는 짧은 충전 시간이었습니다.

출근 시간은 세대 강의에서 늘 등장하는 단골 주제입니다.

기성세대는 이렇게 생각합니다.

"일부러 57분 될 때까지 기다리다 들어오는 건가 싶어요."

"8시 58분쯤 아슬아슬하게 오더라고요. 조금만 여유 있게 일찍 오면 안 되는 건가요?"

요즘 세대는 이렇게 말하죠.

"일단 일찍 가면 선배들이 확실히 좋아하시긴 하더라고요."

"선배들은 항상 일찍 와 계신 것 같아요."

그리고 신입사원들은 묻습니다.

"9시 출근이면, 몇 시까지 도착하면 되는 걸까요?"

정답은 없습니다. 다만, 9시라는 기준을 사무실 도착 시각으로 볼지, 업무 시작 시각으로 볼지 세대 간의 생각은 조금씩 다릅니다.

8시 58분에 출근하는 그들의 속사정

한 학습자에게 정말 회사 앞에서 기다리다 아슬아슬하게 들어오는 것인지 물어봤습니다.

"처음엔 저도 일찍 갔어요. 미리 준비하고 여유롭게 시작하면 좋잖아요. 그런데 선배님들은 늘 일찍 와 계시니까, 제가 오면 자연스럽게 '어제 그 A건은 어떻게 됐어?' 하고 바로 업무 질문을 하시더라고요. 결국 허둥지둥 자료를 찾아드리고 한두 개 대답하다 보면 정작 준비할 시간도 없이 바로 본격적인 업무가 시작돼 버리는 거죠. 이런 상황이 반복되다 보니, 어느 날부터 그냥 정시에 맞춰가게 된 것 같아요."

이처럼 몇 시에 도착하든, 이들에게 출근은 곧바로 업무의 시작으로 이어졌습니다.

후배의 출근 시간이 신경 쓰이는 진짜 이유

선배들이 불편함을 느끼는 진짜 이유는 단순히 시간 그 자체보다도 후배의 태도일지도 모릅니다. 9시에 딱 맞춰 도착해 자리를 비우느라 옆 사람이 전화를 대신 받는 상황이나, 허둥지둥 업무 준비가 덜 된 모습을 보게 될 때 비로소 출근 시각까지 거슬리기 시작하는 거죠.

그래서 먼저 스스로에게 물어야 합니다.

'약속된 시간보다 늦은 걸까, 아니면 내가 바라는 시간보다 늦은 걸까?'

당연히 9시가 넘으면 문제입니다. 하지만 9시까지 잘 오고 있고, 일도 문제없는데 단지 '정시에 딱 맞춰 오는 게 마음에 걸려서' 불편한 거라면 바꿔야 할 건 후배가 아니라 내 시간 기준일 수 있습니다.

요즘은 시차출근제나 유연근무제를 도입하는 곳이 많아지면서, 출근 시각을 1분 단위로 엄격하게 따지기보다 정해진 시간 안에 어떤 성과를 내는가에 더 집중하는 분위기로 바뀌고 있죠. 출근을 바라보는 사회적 기준 자체가 예전과는 많이 달라진 셈입니다.

물론 업무 성격에 따라 기준은 달라질 수 있습니다. 고객을 직접 응대하거나 정해진 시각에 설비를 가동해야 한다면, 9시부터 바로 일할 수 있는 상태를 갖추는 게 훨씬 중요하죠.

얼마 전 온라인 커뮤니티에서 화제가 된 글이 하나 있었습니다. 10시 첫 타임에 사진 촬영을 예약하고 5분 전에 도착했는데 사진관 문이 닫혀 있었다는 사연이었죠. 사장님은 예약 시간인 10시 정각에 맞춰 나타났지만 사과 한마디 없었다고 합니다. 그때부터 준비를 시작하는 바람에 촬영은 10분이 지나서야 시작됐죠. 글쓴이는 황당해하며 이렇게 물었습니다.

“10시 예약이면 당연히 10시에 촬영을 시작하는 거 아닌가요? 제가 이상한 건가요?”

이처럼 내가 준비하는 동안 누군가 나를 기다리거나 업무에 지장이 생기는 상황이라면, 그건 단순한 가치관의 차이가 아니라 실질적인 ‘업무 차질’입니다. 이럴 때는 리더로서 업무가 제시간에 시작되어야 하는 이유를 명확히 알려주어야 하죠.

방어심을 만드는 두 가지 말습관

업무에 차질이 생겼을 때, 선배는 후배에게 상황을 명확하게 전달해야 합니다. 이때 전하는 방식이 무엇보다 중요합니다. 말 한마디 차이로 후배는 자신의 실수를 돌아보기도 하고, 반대로 선배가 괜한 기준을 강요한다며 마음을 닫아버리기도 하니까요.

- **원하는 결과에 집중해 주세요**

“일찍 왔으면 이런 실수 없었잖아.”

실수의 원인을 오로지 '출근 시각' 탓으로 돌리는 말입니다. 하지만 지각하지 않고 제시간에 출근한 후배라면 어떨까요? 본인은 늦었다는 생각이 전혀 없는데 갑자기 출근 시간으로 혼이 나니, 당황스럽고 억울한 마음부터 듭니다.

문제는 대화의 초점이 출근 시간에만 맞춰지다 보니, 정작 본인이 고쳐야 할 업무상의 포인트가 무엇인지는 알지 못하게 된다는 점입니다.

사실 리더가 정말 하고 싶었던 말은 이것이었습니다.

'회의 전에 우리가 자료를 확인할 시간이 필요하다.'

자료를 전날 미리 공유하든 당일에 일찍 와서 준비하든, 방법은 다양합니다. 그러니 후배의 태도를 지적하며 서로 힘을 빼기보다, 내가 원하는 '일의 결과'에 초점을 맞춰 이야기하는 것이 좋습니다. 그래야 내 의도가 오해 없이 정확하게 전달될 수 있습니다.

"회의 시작하자마자 바로 이야기 나누려면 준비 시간이 좀 필요해요. 다음부터는 회의 전에 미리 검토할 수 있도록 회의 30분 전까지는 공유해 주면 좋겠어요."

이렇게 말하면 상대방의 기분을 상하게 하지 않으면서, 내가 원하는 바도 명확하게 전달할 수 있죠.

• 나의 기준을 절대적인 규칙처럼 말하지 마세요

"출근이 9시면, 적어도 20분 전엔 도착해야지."

20분 전 도착은 리더 개인의 의견일 뿐, 객관적인 사실이 아닙니다. 그런데 이렇게 말하면 모두가 따라야 하는 절대적인 규칙처럼 들리게 되죠. 듣는 후배의 입장에서는 당연히 의문이 생길 수밖에 없습니다.

'출근 시각은 9시인데, 왜 20분이나 일찍 와야 하지?'

대화를 편안하게 만드는 방법은 단순합니다. 내 주관적인 기준을 강요하는 게 아니라, 눈에 보이는 '사실'과 그에 따른 '기대'를 말하는 것이죠.

"우리 팀은 오전 9시 정각부터 고객 전화가 몰리는 편이에요. 오늘 아침에도 전화가 꽤 왔는데, 승찬 씨가 준비 중이라 동료들이 대신 응대를 했거든요. 앞으로는 9시부터 바로 전화 응대가 가능하도록 미리 준비를 마쳐주면 좋겠어요."

실제로 제가 만난 한 리더는 후배에게 이렇게 말했다고 해요.

"몇 시에 오든 상관없어요. 다만 9시 정각에는 바로 업무를 시작할 수 있어야 합니다."

개인의 자율성은 존중하되, 팀의 규칙은 지켜달라는 거죠.

'왜'가 뒷받침될 때, 기준은 비로소 규칙이 됩니다

저도 강의를 하면서 비슷한 경험을 한 적이 있습니다. 보통 저는 강의 시작 30분 전에는 도착해서 준비를 마치는 편입니다. 정각에 바로 강의를 시작하려면 미리 세팅할 시간이 필요하기 때문이죠.

그런데 한번은 어느 고객사에서 이런 연락을 받았습니다.

"강사님, 10시 시작이니까 9시까지는 도착 부탁드립니다."

'한 시간 전이라니, 왜지? 30분 전에 가도 충분한데….'

요청대로 일찍 가긴 했지만, 조금은 당황스러웠습니다. '굳이?'라는 생각이 들었으니까요.

그런데 비슷한 상황에서 이렇게 이유를 함께 말해주는 회사도 있었습니다.

"우리 회사는 출입 절차가 조금 복잡해요. 번거로우시겠지만 한 시간 정도 일찍 와주시면 진행이 원활할 것 같습니다."

"시작하기 전에 잠깐 사전 설문조사를 공유해 드리고 싶어서요. 미리 파악하시면 강의 진행에 더 도움이 될 것 같습니다."

이유를 듣고 나니, 오히려 더 빨리 가서 준비해야겠다는 생각이 들었죠.

물론, 이유를 말한다고 해서 모든 것이 바로 이해되는 것은 아닙니다.

"회의가 9시에 시작하니까, 그 전에 준비를 마치고 자리에 앉아 주세요."

리더는 나름대로 이유를 설명했다고 생각하겠지만, 이 정도 요청만으로는 부족합니다. 듣는 사람 입장에서는 '그럼 애초에 회의 시간을 조금 늦추면 되는 거 아닌가?' 하는 생각이 들 수 있기 때문입니다.

만약 배경을 조금 더 구체적으로 설명했다면 어땠을까요?

"해외 팀과 협업하는 프로젝트라서 시차를 고려해 9시 정각에 회의를 시작해야 하는 상황이에요. 그러니 모두 늦지 않게 와주세요."

이처럼 규칙의 배경을 전달하면, 후배도 상황을 충분히 이해할 수 있게 됩니다. 그러면 억지로 따르는 것이 아니라, 팀을 위해 스스로 움직이게 되죠.

때로는 규칙을 바꿔야 할 때도 있습니다

아무리 이유를 잘 설명해도 모두가 이해하기 어려운 순간도 있습니다. 그럴 때는 소통 방식의 문제를 넘어, 지키려는 기준이 여전히 의미가 있는지부터 먼저 돌아봐야 합니다.

과거의 상황에 맞춰 만들어진 규칙이라면, 지금의 상황에서는 예전과 같은 효과를 기대하기 어려울 수도 있기 때문입니다. 그런데도 습관처럼 그냥 이어지고 있다면, 그 규칙을 고집하기보다 지금의 상황에 맞게 다듬는 것이 더 현명한 선택일 수 있습니다.

결국 중요한 것은 그 규칙이 '현재' 팀에 도움이 되느냐입니다. 의미 없는 규칙이 계속되면, 서로의 피로만 늘어날 뿐이죠.

그래서 때로는 기준을 과감히 조정하는 리더의 결단도 필요합니다. 그것만으로도 팀에는 새로운 활력이 생겨나기 때문입니다. 사람을 몰아붙이는 리더보다, 불합리한 상황을 바꿔주는 리더가 팀을 훨씬 잘 움직이게 만드는 법입니다.

연차는 내 마음대로 써도 되는 거 아닌가요?

최근 한 SNS에서 이런 글이 화제가 되었습니다.

'안녕하세요 팀장님, 주말에 감기몸살이 심하게 와서 오늘은 병가를 사용하겠습니다. 내일 뵙겠습니당.'

이 짧은 메시지와 함께 "이게 이해가 안 되면 꼰대인가요?"라는 질문이 올라왔고, 순식간에 수백 개의 댓글이 달렸습니다.

"병가는 아플 때 쓰라고 있는 건데, 허락이나 사과가 왜 필요하죠?"

"안 된다고 하면 아픈 몸을 끌고 가야 하나요?"

"연차나 병가는 개인 권리인데, 이유까지 상세히 보고할 필요 있나요?"

반대의 목소리도 적지 않았습니다.

"갑작스러운 부재는 팀 업무에 차질을 주니, 최소한 예의는 필요합니다."

"메신저로만 '뵙겠습니당' 하는 건 너무 가볍지 않나요?"

"병가 자체가 잘못은 아니지만, 동료들에게 미안한 마음을 갖는 게 맞지 않을까요?"

이러한 갈등이 생기는 이유는 휴가를 바라보는 관점이 다르기 때문입니다. 휴가를 '개인이 온전히 선택할 수 있는 권리'로 볼 것인지, 아니면 동료와 '서로 조율하며 행사해야 하는 권리'로 볼 것인지의 차이인 것이죠.

상황에 따라 달라지는 예의의 언어

휴가는 보통 병가와 연차로 나뉘지만, 현장에서 정말 중요한 기준은 '갑작스러운가, 아니면 미리 계획된 것인가'입니다. 내 권리를 주장하는 방식도 그 상황에 맞게 달라져야 합니다.

① **갑작스러운 휴가:** 양해를 구하는 것이 최소한의 예의입니다.

몸이 아프거나 급한 일이 생기는 건 누구에게나 일어날 수 있습니다. 그래서 당일 병가나 연차를 쓰는 건 당연한 권리죠. '아픈데 허락까지 받아야 하나?'라는 생각도 충분히 이해됩니다.

하지만 나에게 갑작스러운 일은, 팀에게도 갑작스러운 일입니다. 내가 쉬면 누군가는 내 업무를 대신해야 하고, 팀 자체가 잠시나마 더 바빠질 수밖에 없습니다.

그래서 이때는 권리를 내세우기보다 양해를 먼저 구하는 것이 좋습니다.

(○) **"팀장님, 제가 몸이 좋지 않아서요. 내일 병가를 사용해도 괜찮을까요?"**

이 말은 단순히 허락을 구하는 표현이 아니라, 내가 쉬면 팀이 바빠질 수 있다는 걸 알고 있기에 건네는 양해의 말입니다. 그러면 듣는 팀장이나 동료도 '그래도 먼저 물어봐 주네.'라는 생각에 훨씬 기분 좋게 받아들이게 되죠.

"내 권리인데 왜 굳이 물어봐야 하나요?"라고 반문할 수도 있습니다. 하지만 같은 휴가라도 그냥 선언하듯 "내일 연차 쓸

게요."라고 말할 때와 "가능할까요?"라고 물어볼 때, 남겨진 사람의 마음이 완전히 달라집니다. 말 한마디로 서로 기분 좋게 상황을 넘길 수 있다면, 그게 훨씬 현명한 선택이 아닐까요? 결국 그 작은 태도가 관계를 만듭니다.

② **계획된 연차**: 최소한의 조율은 필요합니다.

실제로 한 조직에서 이런 일이 있었습니다. 어느 날 팀장이 출근해 보니 팀원 대부분이 자리에 없었습니다. 전날 오후, 팀원들이 시스템에만 휴가를 등록해 둔 것이 원인이었습니다.

리더는 구두로 먼저 공유받을 것이라 예상해 시스템을 미처 확인하지 못했고, 팀원들은 시스템 등록만으로 충분하다고 생각한 것입니다. 결국 당일 회의는 줄줄이 취소됐고, 팀은 급하게 대체 인력을 찾느라 하루 종일 분주했습니다.

물론 연차를 사용할 때마다 매번 눈치를 보거나 허락을 구할 필요는 없습니다.

다만 팀 단위로 움직이는 조직에서 휴가는 '나만의 일정'인 동시에 '팀의 변수'이기도 하죠. 그러므로 일정이 겹치지 않도록 공유하고 조율하는 과정은 필요합니다.

(✕) "저 다음 주 연차 써도 될까요?"

(○) "다음 주 수요일 연차 쓰려고 하는데, 혹시 미리 진행해 두어야 할 업무가 있을까요?"

앞 문장은 수동적으로 허락을 구하는 톤이지만, 뒤의 문장은 팀의 상황도 함께 고려하는 사람의 말입니다.

각자가 자기의 일을 하지만, 그 결과는 결국 팀으로 이어집니다. 그래서 하나의 팀으로 조화롭게 움직이려면, 서로의 일정이 어긋나지 않도록 최소한의 소통과 조율은 필요합니다.

내 10분이, 동료의 한 시간을 줄여줍니다

내 휴가 기간에도 팀의 일은 계속 돌아갑니다. 그래서 내가 없더라도 업무가 문제없이 돌아갈 수 있도록 미리 챙겨두는 책임감도 필요합니다.

나의 일은 내가 가장 잘 압니다. 나에게는 매일 하던 익숙한 업무라도, 히스토리를 모르는 동료가 대신 하게 된다면 시간은 더 오래 걸릴 수밖에 없죠. 내게는 10분이면 충분할 일이 동료에게는 한 시간을 꼬박 써야 하는 귀찮은 일이 될 수도 있습니다. 그래서 그 업무를 가장 잘 아는 내가 미리 정리하고 공유하는 것이 최소한의 예의입니다.

"바다 책임님, 헷갈릴만한 내용들 따로 정리해 보내 드렸어요. 진행하다가 막히는 게 있으면 편하게 말씀해 주세요."

동료가 내 업무를 파악하느라 헤매는 시간이 줄어들수록, 내 빈자리에 대한 스트레스도 줄어듭니다. 사실 동료가 힘든 건 내 휴가 자체가 아니라, 그로 인해 갑자기 일이 늘어나는 상황이기 때문입니다.

이렇게 미리 챙겨두면 휴가 중에 불필요한 연락을 받을 확률도 훨씬 줄어듭니다. 결국 나의 작은 10분이 모두의 시간을 지켜주는 셈입니다.

복귀 후엔 미안함보다 감사를 전하세요

갑작스러운 연차를 사용한 뒤 동료에게 건네는 첫인사는 생각보다 중요합니다.

(✕) "어제 미안해요. 저 때문에 번거로우셨죠?"

(○) "어제 제 일 챙겨주셔서 감사합니다. 덕분에 마음 편히 잘 다녀왔어요."

'미안하다'라는 말은 정당한 권리를 썼음에도 불구하고, 괜히 팀에 짐을 준 사람처럼 위축되게 만드는 반면 '감사합니다'라는 말은 내 빈자리를 채워준 동료의 수고를 인정하면서도, 서로 기분 좋게 업무를 시작하는 에너지가 됩니다.

물론 아주 가깝고 오래된 사이라면, 굳이 형식을 갖추지 않아도 괜찮을지 모릅니다. 하지만 아직 서로를 알아가는 단계라면, 예의를 지켜서 손해 볼 일은 없습니다. 오히려 사소한 한마디가 관계를 훨씬 부드럽게 만들죠.

명확한 기준이 있으면 팀이 편해집니다

휴가 때 눈치를 보지 않는 분위기는 결국 리더가 어떤 태도를 보이느냐에 달려 있습니다. 팀원들은 팀 전체의 상황을 모두 알기 어렵습니다. 특히 경험이 적은 팀원일수록, 언제가 바쁜 시기인지, 어떤 날에 인원이 꼭 필요한지 스스로 판단하기 쉽지 않죠.

그래서 이런 정보는 리더가 먼저 알려줘야 합니다. 기준이 명확하면, 팀원들도 언제는 괜찮고, 언제는 피해야 하는지 미리 알고 휴가를 계획할 수 있으니까요.

자세히 들여다보면, 리더가 자주 쓰는 말들 속에 의도치 않게 팀원들을 어렵게 만드는 표현이 숨어 있습니다.

리더의 표현	팀원이 느끼는 진짜 문제점
"바쁜 때 휴가를 쓰면 어떻게 합니까?"	예측 불가능: 미리 기준을 주지 않고, 결정된 뒤에 지적하면 팀원은 다음에도 눈치를 보게 됩니다.
"휴가 쓰기 전에 미리 양해를 구하세요."	주객전도: 일정 공유를 넘어 '허락'을 구하는 과정이 되면, 당연한 휴식도 위축된 채 요청하게 됩니다.
"7~8월은 휴가 쓰지 마세요."	일방적 통제: 명확한 이유(예 큰 프로젝트 마감 등) 설명 없이 기간부터 제한하면 존중받지 못한다고 느낍니다.
"이번 시기는 제가 부탁드리니 양해해 주세요."	모호한 경계: 기준이 아닌 '리더의 개인적 부탁'이 되면, 팀원은 이를 선택이 아닌 명령으로 받아들입니다.

이런 표현들의 공통점은 하나입니다. 기준을 미리 말하지 않고, 일이 벌어진 뒤에야 제지하거나 허락한다는 것입니다.

리더가 할 일은 생각보다 간단합니다. 휴가 사용의 기준을 미리 투명하게 알려주는 것이죠.

"우리 팀은 여름 성수기인 7~8월이 가장 바쁜 시기입니다. 그때만큼은 업무 공백이 생기지 않도록 서로 일정을 미리 맞춰주시면 좋겠어요. 그 외에는 각자 상황에 따라 자유롭게 써도 됩니다."

휴가를 제한해야 하는 시기가 있다면, 그 이유를 분명히 설명하는 것만으로도 팀원들은 대부분 충분히 납득하고 협조합니다. 다만 특정 시기에 집중이 필요하다고 협조를 구했다면, 그 외의 시간은 눈치 보지 말고 편하게 써도 좋다는 확신도 함께 주어야 합니다.

기준이 명확하면 휴가는 팀 안에서 서로 배려하며 편안하게 누리는 권리가 됩니다. 리더는 나중에 '안 된다'라고 말하는 사람이 아니라, 팀원들이 스스로 알 수 있게 미리 기준을 알려주는 사람이어야 합니다.

점심시간, 혼자 있고 싶어도 함께해야 할까요?

저도 어느덧 '낀 세대'가 되다 보니, 본인 사업을 하는 친구들도 하나둘 늘었습니다. 그런데 얼마 전, 친구 한 명이 정말 웃기면서도 씁쓸한 이야기를 들려줬습니다.

대표인 그 친구는 사무실 안쪽 방을 따로 사용하고 있었는데, 점심시간이 되자 사무실이 왁자지껄해졌습니다. 직원들이 밥 먹으러 갈 준비를 하는 소리였죠. 당연히 친구도 함께 갈 생각으로 조용히 짐을 챙기던 그때, 갑자기 소리가 뚝 끊기더니, 잠시 후 사무실 불마저 꺼졌습니다. 직원들끼리만 나가버린 겁니다. 순간 친구는 민망해서, 마치 아무도 없는 척 조용히 있었다고 하더라고요.

저희는 웃으며 “민망했겠다, 같이 가자고 하지 그랬어.”라고 말했지만, 친구는 억울한 듯 대답했습니다.

“당연히 같이 갈 줄 알았지!”

친구 입장에서 들을 땐 짠했지만, 직원 입장에서 생각해보니 이해도 됐습니다. 대표실 문을 열고 “같이 식사하러 가시죠.”라고 먼저 말하긴 쉽지 않으니까요. 게다가 불까지 끈 걸 보면, 직원들은 오전 내내 대표가 자리에 없다고 생각했을 지도 모릅니다.

저 역시 누군가와 함께 밥을 먹는 것을 나름의 배려이자 호감의 표현이라고 생각하며 살아왔습니다. 하지만 강의 현장에서 요즘 세대의 속마음을 마주하다 보니, 내가 당연하게 여겼던 배려가 누군가에게는 부담이 될 수도 있다는 사실을 깨달았습니다.

그러다 보니 예전 같으면 후배들을 만났을 때, ‘당연히 같이 밥 먹어야지, 내가 챙겨야지.’ 생각했을 텐데, 요즘은 괜히 조심스러워집니다. 그래서 저도 모르게 “혹시 같이 밥 먹자고 하면 꼰대야?”라고 되레 되묻는 경우도 생겼습니다. 후배들은 “아니에요! 좋아요!”라고 손사래를 치며 대답하지만, 솔직히 그 자리에서 어떻게 싫다고 하겠습니까.

밥은 곧 관계였던 기성세대의 마음

실제로 '점심시간'은 세대 간 토크콘서트에서 가장 자주 등장하는 주제 중 하나입니다. 그만큼 기성세대에게 요즘 세대의 점심 문화는 여전히 낯설고 이해하기 어렵습니다.

"도대체 친해지고 싶은 마음은 있는 건가요?"

"소통 시간은 언제 가질 수 있나요?"

"팀원들과 어울리고 싶을 때가 전혀 없나요?"

이런 질문들 속엔 사실 서운함이 묻어 있습니다. 기성세대에게 밥을 같이 먹는다는 건 단순한 식사를 넘어, 가까워지려는 노력이었기 때문입니다. 요즘은 회식도 많이 줄어들고 근무 시간엔 각자 업무에만 몰두하다 보니, 그나마 이야기할 수 있는 시간이 점심시간뿐입니다. 그런데 그마저도 각자 보내겠다고 하니 섭섭한 마음도 들고, 때로는 괘씸한 마음까지 드는 것이죠.

사실 선배라고 해서 점심시간이 늘 편안한 것만은 아닙니다. 후배들 눈치 보느라 말 한마디도 조심스럽고, 성향에 따라 혼자 먹는 것이 편한 사람도 있죠. 무엇보다 내 돈 쓰면서 눈치까지 봐야 하나 싶은 마음이 들 때도 있습니다. 그럼에도 불구하고 "각자 편하게 먹자."라고 선뜻 말하지 못하는 건, 마음 한구석에 지워지지 않는 고민이 남기 때문입니다.

"그럼, 팀원들과 언제 이야기하고, 언제 친해지죠?"

관계는 '양'보다 '질': 진정한 연결의 힘

중요한 건 밥을 얼마나 자주 먹느냐가 아니라, 함께 있을 때 얼마나 편안하냐입니다. 예일대학교 조직행동학 교수 마리사 킹은 《인생을 바꾸는 관계의 힘》에서 관계의 빈도보다 중요한 건 '고품질 상호작용(High-quality Interaction)', 즉 짧은 순간이라도 진심으로 연결되는 경험이라고 말합니다.

그녀의 연구에 따르면 단순히 자주 모이는 팀보다 짧게 만나도 깊게 연결되는 팀의 직장 만족도가 훨씬 높았습니다. 반대로 억지로 자주 모이거나, 의무적으로 교류해야 했던 팀은 오히려 피로감과 번아웃이 더 컸습니다.

결국 관계의 깊이를 결정짓는 것은 만남의 횟수가 아니라, 그 순간의 마음입니다. 매일 함께 있어도 불편한 사이가 있는가 하면, 가끔 만나도 마음이 편한 사이도 있으니까요.

‘얼마나 자주 보느냐’보다 ‘함께하는 그 시간이 얼마나 편안한가’가 진짜 관계의 힘입니다.

선배와의 점심, 배려와 눈치 사이

어려운 사람과의 식사 자리는 누구에게나 긴장이 앞섭니다. 선배가 메뉴를 고르라고 하면, 머릿속이 복잡해지는 것도 그래서입니다. 선배는 맛있는 걸 사주고 싶은 좋은 마음이었지만, 후배는 그 짧은 질문 하나에도 고려해야 할 것들이 많아지죠.

오늘은 피자가 먹고 싶지만, 선배가 한식을 좋아하는 것 같아 망설여지고, 휘핑크림을 듬뿍 올린 프라푸치노가 끌리지만, 괜히 유난스럽게 보일까 싶어 무난한 아메리카노를 고르기도 합니다.

밥 먹는 속도도 그렇습니다. 선배가 아무리 편하게 먹으라고 말해도, 원래 속도가 느린 사람은 먼저 수저를 내려놓는 상대가 신경 쓰여 마음이 급해집니다. 실제로 기성세대 중에는 ‘밥 먹는 속도가 원래 느렸는데, 회사생활 하다 보니 빨라졌다’는 분들도 많습니다.

선배가 일부러 눈치를 준 것은 아닐 겁니다. 다만 그 관계가 아직은 조심스럽기에 자연스레 기색을 살피게 되는 것이죠. 싫어서가 아니라, 아직은 조금 어렵기 때문입니다. 선배는 편하게 이야기하려고 마련한 자리지만, 후배에게는 여전히 신경 쓸 게 많은 조심스러운 시간입니다.

요즘 세대의 점심시간 = 나를 위한 충전 시간

식당에서 옆자리 테이블을 보다 조금 생소한 풍경을 마주했습니다. 함께 밥을 먹으면서도 서로 아무 말 없이 각자 휴대폰 영상에 몰두해 있었거든요. '이럴 거면 왜 같이 밥을 먹지?' 싶다가도 문득 고개가 끄덕여졌습니다.

혼밥이 익숙한 세대에게 점심시간은 함께 어울리는 시간보다는 잠시 나를 회복하는 시간에 가깝습니다. 꼭 친해지려고 같이 밥을 먹는 건 아닙니다. 1인분 주문이 어려운 식당이거나, 이동이 편해서 함께 가는 경우도 많죠. 이때는 같은 공간에 있어도 각자의 시간을 존중하며 '같이 있지만 따로 있는' 시간을 보냅니다.

이들에게 점심시간은 하루 중 가장 개인적인 시간입니다. 식사를 서둘러 마치고 헬스장으로 향하거나, 잠시 눈을 붙이기도 하고, 좋아하는 영상을 보며 복잡한 머리를 식히기도 합니다. 방식은 달라도 목적은 같습니다. 이 시간만큼은 타인을 위한 배려보다 나를 위한 충전에 집중하고 싶은 것입니다.

다름을 틀림으로 오해하지 않는 태도

"왜 밥을 같이 안 먹지? 친해지고 싶은 생각이 없는 건가?"

이런 의문이 드는 순간, 오해는 시작됩니다.

점심시간을 혼자 보내고 싶다는 말이 선배에 대한 거절로 이미 해석됐기 때문입니다. 이때부터 후배는 본의 아니게 자신의 선택을 변명해야 하는 처지가 되어버리죠.

사실 선배가 원한 건 소통할 시간이었을 겁니다. 하지만 어느 순간 '밥 = 관계'라는 공식에 익숙해지다 보니, 밥을 거절하는 게 곧 마음을 닫는 일처럼 서운하게 느껴진 것이죠. 이런 오해는 다름을 틀림으로 받아들일 때 생깁니다.

그래서 필요한 것이 구동존이(求同存異)의 태도입니다. 다름을 인정하면서도, 그 안에서 공통점을 찾는 것입니다. 선배는 함께 밥을 먹고 이야기를 나눠야 팀워크가 생기고 일이 잘된다고 믿습니다. 그리고 후배는 혼자 있는 시간을 통해 에너지를 회복해야 남은 시간도 집중할 수 있다고 생각하죠. 각자 중요하게 여기는 가치는 다르지만, 결국 일을 잘하고, 좋은 관계를 유지하고 싶은 마음은 같습니다. 이 다름을 먼저 인정할 때, 비로소 서로의 같음을 찾아갈 여유가 생깁니다.

관계를 회복하는 3단계 존이구동 대화법

// 1단계 // —— 구동의 단계: 대화의 필요성 확인하기

"요즘 다들 바쁘다 보니 서로 이야기할 시간이 거의 없네요. 도움이 필요해도 말 꺼내기가 쉽지 않고요. 일 말고도 한 번씩 편하게 이야기 나눌 시간이 필요하지 않을까 싶어요."

// 2단계 // —— 존이의 단계: 문화 존중하기

"예전에는 보통 점심을 먹으면서 이런저런 이야기를 나눴는데, 요즘은 점심시간을 쉬는 시간으로 쓰는 분들도 많아요. 그래서 점심은 각자 원하는 방식대로 보내요!"

"대신 한 달에 한두 번 정도만 시간을 만들어 보면 어떨까 싶어요. 꼭 점심이 아니어도 되고요. 방식은 각자 편한 쪽으로 정해도 좋으니까, 괜찮은 아이디어 있으면 같이 얘기해봐요."

실제로 이런 방식으로 팀 문화를 바꾼 사례도 있습니다. 매일같이 하던 식사를 2주에 한 번으로 조정해 빈도를 낮춘 것이죠. 이 팀의 구성원들도 동료와 함께하는 식사 자체가 싫었던 게 아니라, 매일 같이 밥을 먹다 보니 스스로를 회복할 최소한의 시간조차 사라지는 게 힘들었기 때문입니다. 선배와의 대화 시간은 원하지만, 매일 반복되는 자리는 부담스러웠던 셈입니다.

결과적으로 모두가 편한 방식으로 이야기를 나누자, 오히려 대화가 늘고 팀 분위기도 훨씬 부드러워졌습니다.

중요한 것은 밥이 아니라, 서로가 원하는 공통의 방식을 함께 찾아가는 것입니다. 점심은 수단일 뿐, 결국 목적은 '함께 잘 지내고 싶다'는 마음이니까요.

Theme 3.

소통과 관계의 방식

관심사가 너무 달라서 무슨 말을 해야 할지 모르겠어요

"요즘 친구들이랑은 무슨 이야기를 해야 할지 모르겠어요."

"선배들과 대화하다 보면, 진짜 관심사가 다르다고 느껴져요."

세대 차이 때문에 대화가 안 통하는 것 같지만, 조금만 더 깊이 생각해 보면 꼭 그런 것만은 아닙니다. 또래와 이야기할 때도 말이 잘 통하는 친구가 있는가 하면, 도무지 대화가 안 되는 친구도 있으니까요. 대화를 이어가는 데 중요한 것은 서로의 관심사를 어떻게 존중하느냐에 달려 있습니다.

너무 가깝지도, 멀지도 않게: 대화의 적정 거리 찾기

"요즘 선배들이 자꾸 개인적인 걸 물어보세요. 대화가 좀 불편해요."

후배들은 종종 이렇게 말합니다. 하지만 선배의 입장도 나름대로 억울한 구석이 있습니다.

"딱히 할 말은 없고, 가만히 있자니 어색해서 별 생각 없이 물어본 건데."

선배 세대에게는 결혼이나 집, 자녀의 이야기가 대화의 문을 여는 익숙한 주제였습니다. '나도 그때 이런 고민을 했었지.' 하면서 자신의 경험을 나누는 것이죠. 하지만 후배 세대에게는 이런 질문이 어렵습니다. 너무 사적인 영역을 파고드는 질문처럼 느껴지거든요.

물론, 이런 사적인 질문을 애초에 하지 않는 것이 가장 좋은 방법일 수 있습니다만 문제는 선배 입장에선 어디까지 이야기해야 하는지 그 기준이 어렵습니다. 그들에게는 항상 편하게 나누던 이야기 주제였으니까요. 그래서 이럴 때는 질문의 방향을 '후배 개인'이 아닌 '요즘 사회 현상'으로 돌려보는 것이 좋습니다.

• 정면으로 묻는 질문: "결혼은 안 해요?"

➡ 내 상황을 대답해야 해서 듣는 사람 입장에서는 부담스럽습니다.

• 주변 이야기처럼 꺼내는 질문: "요즘 결혼을 늦게 하거나 안 하는 경우가 많더라고요."

➡ 후배는 내 상황 대신 일반적인 이야기로 답해도 되니까 훨씬 편합니다.

사적인 질문, 부드럽게 선 긋는 기술

혹시나 곤란한 개인적인 질문을 받았다면, 상대방의 의도는 존중하면서 나의 경계는 부드럽게 지키는 말이 필요합니다. "그건 제 사생활인데요."라고 정색하면 분위기가 갑자기 차가워질 수 있고, 억지로 웃으면서 대답하기엔 내 마음이 내키지 않으니까요. 이럴 때 가장 좋은 방법은 상대의 질문을 가볍게 맞장구치며, 자연스럽게 질문을 다시 상대방에게 돌리는 것입니다.

"결혼은 안 해요?"

"그러게요. 선배님은 결혼 언제 하셨어요?"

"그래도 애 둘은 낳아야지."

"그런가요? 두 아이 키워보시니까 어떤 점이 제일 좋으셨어요?"

이렇게 '그러게요.', '그런가요?'와 같은 짧은 호응만으로도 대답을 회피한다는 느낌 없이 상황을 자연스럽게 넘어갈 수 있습니다. 질문을 되돌려주었기 때문에, 결국 내가 해야 할 대답을 상대가 하게 되는 거죠. 어색함 없이 대화의 주인공을 상대로 바꾸고, 나는 관찰자의 자리로 돌아오는 방식입니다.

물론 아예 피하고 싶은 주제도 있습니다. 그럴 땐 굳이 화제를 바꾸려 애쓰기보다는, "그건 저만의 비밀로 남겨둘게요."라고 예의 있게 선을 긋는 것도 좋습니다. 상대가 악의를 가지고 던진 질문이 아닐 수도 있는데 처음부터 지나치게 단호하게 반응한다면, 뒤따르는 어색함까지 내가 떠안게 되거든요. 모든 질문에 진지하게 맞설 필요는 없습니다. 상대의 질문에 부드럽게 대처하면서도 내 선을 지키는 것, 그것이 내 기분을 망치지 않는 가장 효율적인 방법입니다.

친밀감을 만드는 공통의 시작점: '일' 이야기

가까워지려면 사적인 이야기를 해야 한다고 생각하지만, 오히려 공통의 관심사인 업무 이야기가 편안한 출발점이 될 때가 많죠. 동기들을 만나면 "요즘 회사 어때?", "새로 온 팀장님은 괜찮아?" 이런 이야기부터 시작하듯이 개인적인 질문보다, 함께 겪고 있는 현실을 나누는 것이 더 자연스럽고 편합니다.

다만 여기서 주의할 점이 하나 있습니다. 업무 이야기라도, 상대가 가르침이나 평가로 느끼는 순간 대화가 불편해지거든요.

"제가 고객사에 세 번이나 연락했는데도 안 되더라고요."

(✕) "세 번 가지고 안 되지, 다섯 번은 해야지."

이런 식의 조언은 아무리 의도가 좋더라도 지적처럼 들리기 쉽습니다. 대신 이렇게 말해보면 훨씬 부드럽습니다.

"그런 상황 많지. 나도 비슷한 사례가 있었는데, 그땐 이렇게 해보니 좀 나아졌었어."

"요즘 진짜 쉽지 않지. 혹시 이런 방식으로 풀어볼 수도 있지 않을까?"

위에서 가르치려는 말이 아니라, 나란히 서서 같이 고민해 주는 말, 그 한 끗 차이가 사람의 마음을 열리게 합니다. 업무 이야기는 잘만 풀면, 단순히 정보만 교환하는 것이 아니라, 서로를 조금 더 이해하고 가까워지는 시간이 될 수 있습니다. 후배에게는 선배의 경험과 노하우를 얻는 귀중한 기회가 되고, 선배에게는 후배의 새로운 시각을 접하는 계기가 되니까요.

라떼는 대신 나라면

"우리 때는 밤샘은 기본이었어. 요즘은 진짜 편해진 거야."

"나 때는 고객사에 무조건 찾아가야 했어. 요즘은 메신저가 있어서 진짜 편하지."

악의가 있어서 던진 말은 아닐 겁니다. 그저 옛날 생각이 나서, '그땐 그랬지.' 하고 툭 나온 말일 수도 있죠.

하지만 듣는 입장에서는 지금의 고민을 가볍게 여기는 말처럼 들릴 수 있습니다. 그래서 선배의 의도와는 상관없이 후배는 이런 의미로 받아들일 수 있습니다.

"네가 힘들다 느끼는 건 별거 아니야."

'라떼는'이라는 말 자체가 문제는 아닙니다. 진짜 문제는 상대의 어려움을 인정하기도 전에, 과거의 기준부터 내세울 때 생깁니다.

"고객사에서 메일을 보내도 답을 바로바로 안 주니까 너무 스트레스예요."

"나 때는 무조건 찾아갔지. 기다릴 일도 없었어."

이렇게 말하면, 후배는 자신의 고민이 무시됐다고 느낄 수밖에 없습니다. 그렇다면 이렇게 말하면 어떨까요?

"예전엔 직접 찾아가야 해서 몸은 고됐어도, 만나면 바로 답을 들을 수 있었는데. 지금은 마냥 기다려야 되니까 속이 타겠네."

같은 경험담이라도 공감이 먼저 놓이면 과거는 비교의 잣대가 아니라 상대를 이해하는 힌트가 됩니다. 조언이 필요한 순간에도 마찬가지입니다.

"나도 비슷한 일로 힘들었는데, 그때는 이런 방법이 도움이 되더라. 나라면 이 문제는 이렇게 해볼 것 같아."

'라떼는' 대신 '나라면'이라고 말하는 순간, 대화의 중심은 과거의 내가 아니라 지금의 상대가 됩니다.

세대 차이는 취향이나 관심사가 달라서 생기는 게 아닙니다. 대화의 초점이 과거의 나에게 있는지, 지금의 상대에게 있는지에 따라 달라지죠. 경험은 비교가 아니라, 상대를 이해하는 데 쓰일 때 더 의미가 있습니다.

바로 앞에 있는데 왜 메신저로 이야기할까요?

민성 씨는 요즘 팀원과의 대화가 답답합니다. 같은 공간에 있는데도 말로 하지 않고 메신저를 보내고, 급해서 전화를 걸면 받지 않으면서 메신저로 되묻죠.

"선배님, 제가 전화를 못 받았어요! 무슨 일이세요?"

처음엔 바쁜가 보다 했는데, 이런 일이 반복되니 내가 불편해서 그러는 건가 싶어 괜히 눈치도 보게 됩니다.

그런데 이런 현상은 민성 씨 팀에서만 일어나는 일이 아닙니다. 가수 아이유도 자신의 유튜브 채널에서 통화가 쉽지 않다고 이야기한 적이 있습니다. 어머니와의 연락도 대부분 문자로 주고받는데 가끔 급한 일로 지인에게 전화를 걸면 오히려 상대가 "무슨 일 있어?"라며 놀라서 받는다고요. 최근 전 세계적으로 나타나는 자연스러운 현상입니다. 캐나다에서는 '전화받는 법'을 가르쳐주는 컨설팅까지 있다는데 수강료가 한 시간에 무려 60만 원이랍니다. '그럴 만한 문제인가?' 싶어 놀랍기도 하지만, 그만큼 많은 사람이 전화 문제로 어려움을 겪고 있다는 것입니다.

메신저는 '선택과 조율'의 언어

요즘 세대에게 메신저는 가장 편안한 소통 도구입니다. 상대에게 보내기 전까지 글을 고치고, 표현을 다듬을 수 있으니까요. 대답하기 애매할 땐 이모티콘이 감정을 대신해 주기도 합니다. 심지어 '정중하면서도 담백하게' 같은 막연한 말에도, AI가 원하는 말투로 문장을 고쳐 주기도 합니다. 이처럼 메신저는 '말을 고를 시간'을 허락하는 선택과 조율의 언어입니다.

반면 전화나 대면은 모든 것이 실시간으로 일어납니다. 입밖으로 나온 말이 곧장 상대에게 전달되기 때문에, 충분히 생각하고 답할 여유가 부족할 수밖에 없죠.

여기에 표정과 눈빛 같은 비언어적 신호까지 실시간으로 오간다는 점이 우리를 더욱 긴장하게 만듭니다. 특히 위계가 있는 관계라면 그 무게는 더할 수밖에 없습니다.

결국 우리가 대면을 망설이는 건 사람 자체가 싫어서가 아닙니다. 상황을 예측하기 어려운 '불확실성'이 부담스럽기 때문이죠.

상대를 편안하게 만드는 '예고'의 힘

통화하기 전, 무슨 이야기를 나눌지 미리 말해만 줘도 대화는 훨씬 편해집니다. 저 역시 강의 중에 이런 메시지를 받을 때가 가장 난감합니다.

"잠깐 드릴 말씀이 있는데 강의 끝나고 통화 괜찮으세요?"

머릿속이 복잡해집니다. '무슨 일이지? 내가 뭘 잘못했나? 큰일인가?' 괜히 마음이 조마조마해져서 강의에 집중이 되지 않습니다. 결국 쉬는 시간에 문자를 보내죠.

"무슨 일이에요? 급한 일이면 문자로 보내셔도 됩니다."

신기하게도 이렇게 연락하는 분의 대부분은 "아, 심각한 건 아니에요. 이따 전화드릴게요."라며 결국 답을 알려주지 않습니다. 강의가 끝나자마자 전화를 걸어보면 정말 별일이 아닙니다. 내일 강의 시작을 30분만 늦춰달라는 이야기였죠.

만약 아까 문자메시지에 "내일 A 기업 강의 시작 시간을 30분만 늦춰달래요. 내용을 조금 수정해야 할 것 같아서요. 강의 끝나고 잠깐 통화 괜찮으세요?"라고 왔으면 저는 괜한 불안에 떨지 않았을 테고, 상대도 무작정 통화를 기다리지 않고 바로 원하는 답을 들었을지도 모릅니다.

불필요한 불안을 느끼게 하지 않는 것 또한 대화의 중요한 배려입니다. 상대에게 "이따 잠깐 시간 돼?"라고 말하는 대신 대화의 주제를 넌지시 알려주세요.

"신제품 마케팅 행사 콘셉트에 대해 궁금한 게 있는데, 이따 잠깐 설명 좀 해줄래요?"

"A 제품 일정 변경을 논의해야 하는데, 오후 3시쯤 통화 괜찮으세요?"

이런 예고만 있어도 대화는 훨씬 수월해집니다. 혹시 상대가 목적을 알려주지 않고 대화를 요청한다면 내가 먼저 물어보는 것도 좋은 방법입니다.

"어떤 주제인지 미리 말씀해 주시면, 저도 관련 내용을 확인하고 말씀드릴 수 있어 더 좋을 것 같아요." 이렇게만 물어도 나의 부담은 훨씬 줄어들 수 있습니다.

메신저가 답답한 팀장, 소통 방식의 차이

선배 입장에서는 메신저가 답답한 이유가 있습니다. 팀원이 '팀장님 검토해 주세요.' 하며 보고서 파일만 메신저로 툭 던져 놓으면, 무엇을 어떻게 봐달라는 건지 도통 감을 잡을 수 없기 때문입니다. 대면이라면 질문 몇 번만 주고받으면 금방 끝날 일인데, 이걸 메신저로 언제 다 쓰고 있나 싶죠. 심지어 상대가 메시지를 바로 읽지 않는다면, 답을 기다리며 보고서만 마냥 펼쳐놓고 있을 수도 없으니까요. 결국 대면의 즉각적인 소통에 익숙한 세대에게 메신저는 편리한 도구가 아니라 '답답한 기다림'이 되고 맙니다.

이럴 땐 후배가 말을 조금만 덧붙이면 됩니다.

"신상품 기획안 보고드립니다. 23페이지 프로그램 구성이 고민인데, 이 부분 피드백 부탁드립니다."

"팀장님, 강의 계획서 검토 부탁드립니다. 35페이지 프로그램은 야외 활동이라 변수가 있지만 만족도가 높아 넣었습니다. 진행 여부만 결정해 주시면 바로 준비하겠습니다."

어떤 부분을 중점적으로 보고 피드백을 주면 될지 후배가 명확하게 말해줬기 때문에 리더의 답답함은 훨씬 줄어듭니다.

1 on 1 대화, 부담 없이 시작하는 법

요즘 기업에서는 팀원과 리더가 일대일로 대화하는 '원온원(1 on 1)' 미팅을 자주 진행합니다. 리더들은 팀원의 진솔한 속마음을 듣고 싶어 하지만, 한편으론 이런 의문을 갖기도 합니다.

"대면 대화를 불편해한다는 요즘 세대에게, 원온원이 더 부담스럽지 않나요? 이건 괜찮은 건가요?"

대면 대화가 무조건 다 불편한 것은 아닙니다. 대화가 불편한 진짜 이유는 '무슨 말이 나올지 모르기 때문'입니다. 준비되지 않은 상태에서 혹시나 실수하거나 평가받을까 봐 방어적인 태도를 취하게 되는 것이죠.

1 on 1 미팅도 마찬가지입니다. 대화를 시작하자마자 "요즘 고민 있어요?"라고 물으면, 후배는 속으로 당황합니다. '갑자기 무슨 고민? 어디서부터 말해야 하지? 솔직히 말하면 안 좋게 보일까?' 수많은 생각이 머릿속을 스쳐 가지만, 입은 쉽게 떨어지지 않습니다. 결국 "아니요, 별문제 없습니다."라는 형식적인 대답만 돌아오죠.

그래서 1 on 1 미팅은 단순히 '잘 들어봐야지.'라는 마음으로는 부족합니다. 상대가 편하게 이야기할 수 있도록 충분히 '준비'해야 합니다.

대화 주제를 미리 공유하기

미팅 전에 주제를 알려주면, 상대도 생각을 정리할 시간을 가질 수 있습니다. 특히 후배에게 이야기하고 싶은 주제를 가져오도록 하면, 일방적인 질문이 아닌 함께 만드는 대화가 됩니다.

(✕) "다음 주에 잠깐 봅시다."

(○) "다음 주 1 on 1 미팅에서는 'C 프로젝트' 하면서 느꼈던 점들이나, 앞으로 더 배워보고 싶은 업무 위주로 이야기해 보죠. 소현 씨도 평소에 하고 싶었던 이야기 있으면 그때 편하게 들려주세요."

질문의 깊이 조절하기

(✕) "요즘 어때요?"

(○) "B 프로젝트 잘 끝났다고 들었어요. 한 달 동안 지방 출장이 많았는데 체력적으로 힘들진 않았어요? 소현 씨가 꼼꼼히 챙겨준 덕분에 현장 반응이 좋더라고요."

막연한 질문은 후배에게 부담을 줍니다. 대신 최근 업무나 관찰한 상황을 바탕으로 대화의 범위를 좁혀 질문하면 훨씬 수월하게 대화를 시작할 수 있습니다. 이렇게 말하면 리더가 '나에게 관심이 있구나.'라는 인상을 주어 후배가 마음을 열게 되는 효과도 있습니다.

목적이 명확할 땐 처음부터 본론 말하기

이미 결론이 정해져 있는 대화라면 차라리 처음부터 용건을 말하는 편이 낫습니다.

"요즘 A 기업과 협업하고 있는 건 어때요?"

"아, 좋습니다."

"별문제는 없고요?"

"네, 없습니다."

"다름이 아니고, A 기업과 진행하는 전시회 일정을 변경해야 할 것 같은데."

이처럼 리더의 의도를 모른 채 가벼운 마음으로 대답했다가 뒤늦게 진짜 대화의 목적을 듣게 되면, 다음 대화부터는 리더의 질문을 받았을 때 조심스러워집니다. 혹시 내가 모르는 또 다른 이유가 있어서 묻는 건 아닐까 고민되어, 대답하기 전에 한 번 더 생각하게 되는 것이죠.

반대로, "A 기업 전시회 일정을 변경해야 할 것 같아서 불렀어요."라고 처음부터 목적을 분명히 밝히면, 후배는 불필요한 추측 없이 바로 문제 해결에 집중할 수 있습니다. 어떤 대답을 해야 할지 눈치보느라 시간과 감정을 소모하지 않아도 되는 것이죠.

결국 중요한 건 대화 방식 자체보다, 그 방식이 상대에게 얼마나 편안한가입니다. 대면이냐 비대면이냐는 그 다음 문제입니다.

Chapter 3

[직급 차이]

직장에서
우리의 역할이 다릅니다

Theme 1.

지시와 보고의 기술

애매한 지시가 만드는 혼란:
도대체 어떻게 하라는 거죠?

인터넷에서 흔히 볼 수 있는, 부부의 대화를 담은 이미지가 하나 있습니다.

"여보! 마트 가서 우유 사고 만약에 아보카도 있으면 6개 사와."

잠시 후 남편은 2.3L짜리 우유 여섯 통을 양팔 가득 안고 돌아옵니다. 얼굴엔 '칭찬받겠지.' 하는 뿌듯한 미소가 가득했지만, 돌아온 건 한숨이죠.

"왜 우유를 여섯 개나 사왔어?"

"당신이 여섯 개 사오라며."

"내가 언제 그렇게 말했어?"

증거라도 있으면 좋겠지만, 구두로 오간 이야기라 남편은 억울하기만 합니다. 만약 메시지로 한 대화였다면 보여줬겠죠.

"이거 봐. 우유 6개 사오라며."

굳이 따지자면, 아내도 100% 명확하게 말한 건 아니었습니다. '아보카도가 있으면' 이라고 하긴 했지만, 무엇을 여섯 개 사오라는 건지는 분명히 말하지 않았으니까요. 하지만 아내는 '아, 내가 말을 모호하게 했구나' 하기보다는 "당연한 거 아니야? 이걸 이렇게 이해했다고?"라며 황당해 할 확률이 높습니다.

웃긴 이야기 같지만, 이 장면은 직장의 현실과 닮아 있습니다. 리더가 아내라면, 남편은 팀원이죠. 무겁게 우유를 들고 왔지만 다시 환불을 하러 가야 하는 상황은, 열심히 일했지만 수정과 재보고를 반복해야 하는, 우리의 모습과 닮아 있습니다.

먼저 확인해야 하는 리더의 우선순위

우유를 6개 사 온 남편도 있지만 모든 마트를 돌아다니며 아보카도를 찾아낸 남편도 있습니다. 그는 아내에게 자랑스럽게 말하죠.

"여보, 나 아보카도 어디서 구한지 알아? 마트를 네 군데나 돌았는데 결국 옆 동네 영천마트에 있더라!"

"세상에, 그냥 간 김에 있으면 사오라는 거였는데. 당장 필요한 건 아니거든."

남편은 허무합니다. 어려운 걸 해냈다고 생각했는데, 정작 아내에게는 그다지 중요하지 않았던 거죠. 만약 그때 아내에게 우유가 당장 필요했다면, 오히려 화를 냈을지도 모릅니다.

"내가 있으면 사오랬잖아. 늦게 와서 우유 못 넣었잖아."

이런 상황은 업무에서도 그대로 반복됩니다.

시간을 아끼는 가장 빠른 기술: 질문

일을 할 때에는 리더가 처음부터 명확하게 지시하는 것이 가장 좋습니다. 하지만 생각보다 많은 리더가, 자신에겐 너무 당연하고, 익숙한 일이라 굳이 설명할 필요를 못 느낍니다. 그래서 리더와 팀원 사이에 오해가 생기죠.

이럴 때는 리더를 탓하기보다는 '당연함'을 먼저 확인하는 질문이 필요합니다. 결국 그 일을 하는 건 나이기 때문입니다.

질문이 괜히 눈치가 보이거나 일을 못하는 사람처럼 보일까 봐 망설여질 때도 있습니다. 하지만 일을 잘못해서 다시 하는 것보다, 처음에 정확히 묻고 진행하는 편이 훨씬 프로답습니다.

'갑자기'는 배경을 확인하라는 신호입니다

리더가 기한이 한 달 남은 업무를 갑자기 "내일까지 줄 수 있냐."고 묻습니다. 준비가 안 된 상태에서 다른 급한 일까지 쌓여 있다면, 누구라도 당황하고 "아직 준비를 못 했는데요." 같은 말을 하게 됩니다. 하지만 이럴 때는 서둘러 해명하기보다, '갑자기'라는 신호를 단서로 먼저 확인하는 것이 현명합니다.

"팀장님, 이 업무는 마감까지 한 달 정도 남아 있는데 혹시 무슨 일 있는 건가요?"

"아, 이거 고객사에서 갑자기 요청이 들어왔어요."

여기서 대화를 마치면 여전히 애매합니다. 팀장님의 의도는 알겠지만, 정작 고객사가 왜 그런 요청을 했는지 아직 알 수 없기 때문이죠. 그래서 자연스럽게 한 번 더 물어봅니다.

"고객사 쪽에서는 어떤 이유로 요청한 건지 알 수 있을까요?"

"원단 샘플 수급이 어려워서 대체 소재를 검토 중인가 봐요."

이제야 방향이 잡힙니다.

"그럼 대체 소재 검토용이면, 기존 자료 중 비슷한 라인만 먼저 전달 드려도 될까요?"

배경이 드러나는 순간 막연했던 업무의 범위가 훨씬 선명해집니다. 그래서 '못 합니다' 대신 '그럼 이렇게 하면 어떨까요?'라는 제안도 가능해지는 거죠.

리더의 진짜 의도를 읽는 방법

"자체 AI로 직원 상담을 운영하는 기업 사례를 조사해 알려주세요."

갑작스러운 지시입니다. 원래 하던 업무도 아니고, 여유도 없습니다. 그래도 지시가 내려온 이상 해야 하니 일단 질문합니다.

"언제까지요?"

"되는 대로 빨리 부탁해요."

일단 정리해서 드려야겠다 싶은데, 하필 마땅한 사례가 없어 한숨만 나옵니다. 자체 AI를 만든 기업은 많지만, AI로 상담까지 진행하는 곳은 없거든요. 열심히 찾아봤지만, 결국 아무것도 건진 것이 없습니다. 혹시 열심히 하지 않은 것으로 오해받을까 걱정돼서, 과정을 설명합니다.

"팀장님, 제가 정말 하루 종일 찾아봤어요. 중견, 중소기업은 물론 해외까지 다 봤는데, AI로 상담까지 진행하는 곳은 없습니다."

그런데 리더가 시큰둥하게 대답합니다.

"됐어요. 내가 알아볼게요. 고마워요."

팀원은 순간 억울한 마음이 듭니다. '아니, 없다니까 뭘 또 찾아본다는 거지?' 싶었죠.

팀장에게도 사정은 있었습니다. 며칠 전 대표님이 세미나를 다녀와 회의 자리에서 이런 이야기를 꺼냈거든요.

"AI로 상담을 하면 팀원들이 더 편하게 이야기하지 않겠어요? 그게 데이터로 쌓이면 우리도 분석이 가능하잖아요."

그 자리에 있던 팀장은 "한번 알아보겠습니다."라고 답했고, 팀원에게 조사를 맡겼던 것입니다.

결국 팀장도 팀원과 같은 마음이었습니다.

'뭐라도 가져가야 할 텐데.'

그런데 이렇게 되면 팀장은 "대표님, 찾아봤는데 없습니다."라고 보고해야 하는 상황이 되어버리죠. 결국 팀장이 원했던 건 자신이 보고할 수 있는 내용이었습니다. 단순히 없다는 결과보다, '없긴 한데, 이런 시도를 한 곳은 있더라고요.', '그건 아니어도 이런 방식은 가능할 것 같습니다.'와 같은 이야깃거리였던 거죠.

만약 팀원이 업무지시의 배경을 알았다면, 그다음 질문이 훨씬 자연스러웠을 겁니다.

"팀장님, 그럼 PPT로 정리해 드릴까요?"

"회의용이면 참고 사례 중심으로만 정리할까요?"

마감 기한을 물을 때도 마찬가지입니다. 똑같이 "언제까지인가요?"라고 질문하더라도, 말의 순서에 따라 전달되는 느낌이 완전히 달라집니다. 처음부터 기한만 묻는 방식은 지시를 그대로 따르는 사람처럼 들립니다. 반면, 먼저 리더의 목적을 이해한 뒤 기한을 확인하면 주도적으로 일하는 사람의 말이 됩니다.

"회의가 수요일이죠? 그럼 월요일까지 정리해서 드리면 될까요?"

결국 중요한 건 질문의 수가 아니라 질문의 방향입니다.

모른다는 걸 숨기지 않는 리더의 솔직함

상황에 따라, 무슨 질문을 해야 할지조차 감이 안 올 때가 있습니다. 리더의 말 자체가 너무 추상적일 때죠. 열심히 디자인한 홍보 포스터를 보여줬는데, 리더가 말합니다.

"음, 뭔가 좀 아쉬운데요. 좀 더 세련됨이 가미되면 좋겠어요. 느낌 있게 말이에요."

난감합니다. 도대체 뭐가 아쉽다는 건지, '느낌 있게'는 또 무엇을 원하는 것인지 알 수 없습니다. 그래서 다시 되물어보면 이런 말이 돌아올 때도 있습니다.

"그것까지 내가 알려줘야 하나요?"

이 장면은 실제 리더와 팀원이 함께 참여한 강의에서 있었던 일입니다.

한 팀원이 "리더가 정확히 무엇을 원하는지 모르겠어서 물어봤는데, 오히려 혼났어요."라고 말하자, 리더들이 머쓱하게 웃으며 솔직하게 답했죠.

"조금 이따 다시 물어보세요. 사실 우리도 잘 모를 때가 꽤 있거든요."

실제로 이런 경우가 많습니다. 임원진의 말을 그대로 전달했거나, 마음에 들지 않지만 왜 그런지까지는 아직 설명하기 어려운 때도 있죠.

이런 경우에 리더는 모든 걸 아는 척하기보다, 지금 알고 있는 것과 아직 모르는 것을 구분해 솔직하게 공유하는 편이 훨씬 낫습니다.

"전무님이 아쉽다고만 말씀하시고, 다른 피드백은 아직 없는 상황입니다. 우선 색상 샘플 몇 개만 받아볼 수 있을까요?"

"좀 더 선명했으면 좋겠는데, 아직 '이거다' 하고 딱 떠오르는 건 없네요. 조금 더 찾아보고 다시 말해줄게요."

때로는 정답보다 솔직함이 오히려 신뢰를 만듭니다. 팀원이 혼자 막막하게 일을 하는 게 아니라, 리더와 함께 하고 있다는 느낌을 받기 때문이죠.

모호함을 좁혀 가는 팀원의 질문

팀원도 물어보면 됩니다. 모호한 지시 앞에서 혼자 추측하기보다, 질문으로 방향을 좁히는 거죠.

"혹시 설명이 너무 없나요? 그럼 좀 더 텍스트를 추가해 볼까요?"

막연했던 리더의 머릿속에 텍스트가 추가된 이미지가 그려집니다.

"아뇨, 텍스트는 충분해요. 그보다는 색감이 좀 더 선명했으면 좋겠어요."

리더가 말한 느낌의 정체는 색감이었습니다. 질문 하나로 불필요한 시행착오를 줄이고, 방향이 좀 더 또렷해졌습니다.

"그럼 선명한 색감으로 몇 가지 샘플 추려와 볼게요."

애매한 지시에 애매한 결과물이 나오는 건 어쩌면 당연한 일입니다. 개떡이 저절로 찰떡이 될 수는 없으니까요. 하지만 질문을 통해 과정을 명확히 하면 생각보다 훨씬 빠르게 찰떡 같은 결과를 만들어 낼 수 있습니다.

중간보고, 타이밍이 가장 중요합니다

"보고 잘하는 팀원이 제일 좋다."

리더들이 입을 모아 하는 말입니다.

정작 팀원들은 보고를 잘 안 합니다. 이유는 단순합니다.

"말할 게 별로 없는데요."

"좀 더 정리해서 완성되면 보여드리려고 했어요."

"하나하나 다 말하면 귀찮아하시거든요."

"바빠 보이는데 굳이 이걸 말해야 되나 싶어요."

솔직히 완성되지 않은 어정쩡한 중간 상태를 보여주는 것이 불편하기도 합니다. 그리고 '짜잔!' 하고 멋지게 완성본을 내놓고 싶은 마음도 있습니다.

리더가 중간보고를 원하는 진짜 이유

리더도 결국 누군가의 팀원입니다.

어느 날 대표가 불쑥 김 팀장에게 물었습니다.

"김 팀장, A건 어떻게 진행되고 있죠?"

그런데 팀원들이 팀장에게 아무것도 보고하지 않았다면, 김 팀장은 대표의 질문에 대답할 수가 없습니다. 지금 일이 잘 진행되고 있는지, 일정에 차질은 없는지, 문제는 없는지 등을 알 수 없기 때문입니다.

결국 "아, 그거 김선임이 진행하고 있는데요." 하며 머뭇거리게 됩니다. 대표가 별다른 말 없이 그럼 확인해보고 알려달라고 했어도 팀장의 마음은 편치 않습니다. 스스로도 리더로서 준비되지 못한 모습을 보였다는 것을 알기 때문이죠.

만약 대표가 "팀 상황도 모르나요?"라고 한마디 덧붙였더라면, 그 불안은 그대로 팀원에게 향했을 겁니다. 자리로 돌아온 김 팀장은 곧장 김 선임을 부릅니다.

"김 선임, A건 지금 어떻게 돼가고 있나요? 앞으론 중간중간 공유 좀 해주세요."

리더 역시 위에서 언제 어떻게 물어올지 모르는 상황에 놓여 있습니다. 그래서 리더에게 필요한 것은 지금 바로 답할 수 있는 핵심 정보, 즉 한 줄로 정리된 상황입니다.

리더가 원하는 한 줄 보고: "그래서, 지금 어디까지 왔어?"

"근데 보고를 하려고 해도 듣지를 않는데요?"

팀원 입장에선 억울합니다. 보고를 안 한 게 아니라, 리더가 중간에 끊거나 건성으로 들은 경우도 많으니까요.

'자기가 안 들어놓고, 이제 와서 왜 나한테 뭐라고 하지?' 하는 불만이 쌓이죠.

하지만 리더가 듣고 싶었던 건 모든 이야기가 아니라 지금 상황을 한 줄로 정리한 설명이었을 가능성이 큽니다.

예를 들어, 약속장소에 도착해서 만나기로 한 친구에게 전화를 걸어 어딘지 물었습니다.

"8시에 집에서 출발했는데, 서울은 안 막히더라고. 잠실까진 금방 왔는데 하남 지나면서부터 엄청 막히는 거야. 중간에 큰 사고도 있었대. 지금은 고속도로 올라타긴 했는데…."

이런 답이 돌아오면 답답하죠. 결국 듣고 싶은 건 한마디뿐입니다.

"그래서 지금 어디냐고!"

리더도 마찬가지입니다. 지나온 과정 전부가 아니라 현재 상황이 궁금한 것입니다. 리더가 건성으로 듣는다고 느껴졌다면, 그건 리더에게 지금 궁금한 내용이 아니었을 가능성이 큽니다.

안 듣는 게 아니라, 이미 충분해요

팀원은 이런 상황에서 보고가 무시당했다고 생각합니다.

팀원: "팀장님, A건 런칭 일정에 차질 없이 잘 진행되고 있습니다. 진행 상황 공유 드릴까요?"

리더: "아 그래요? 지금 급한 건이 있어서 괜찮아요. 알아서 하고 나중에 알려주세요."

이럴 때 많은 팀원들은 속으로 이렇게 생각합니다.

'저 봐, 안 듣잖아!'

하지만 리더 입장에서는 그 한 문장만으로도 지금 상황을 파악하기엔 충분했을 수도 있습니다.

- 진행 주체: 김 선임
- 상태: 차질 없음

•

이 두 가지면 충분합니다. 혹시나 대표가 물어봐도 이렇게 보고할 수 있죠.

"A건은 김 선임이 문제없이 진행 중입니다. 정리해서 공유드릴까요?"

보고가 무시당한 것이 아니라, 필요한 정보가 빠르게 전달된 것입니다. 리더가 원하는 형식을 충족시키면, 보고는 짧고 명확하게 끝납니다.

실용 보고법: 첫 문장이 보고의 성격을 말한다

리더를 집중하게 만드는 보고는, 첫 문장에서 보고의 성격이 드러나야 합니다.

그런데 많은 보고가 "팀장님, 잠깐 시간 괜찮으세요?"로 시작됩니다.

예의 바른 표현이긴 하지만, 이 말만으로는 팀장 입장에서 무슨 일이 생긴 건지, 지금 얼마나 집중해서 들어야 하는지 바로 가늠하기 어렵습니다.

그래서 첫 문장에서 팀장님이 상황을 빠르게 파악할 수 있도록 단서를 함께 주는 것이 중요합니다.

중간보고가 필요한 상황	첫 문장
업무를 받은 뒤, 절반쯤 진행됐을 때	"팀장님, A건 지금까지는 문제없이 진행되고 있는데요. 중간 상황 한번 공유드리려고 합니다."
문제가 생겨 바로 알려야 할 때	"팀장님, A건 장소 섭외 과정에서 문제가 생겨 잠깐 논의가 필요합니다. 5분 정도 시간 괜찮으실까요?"
혼자 결정하기 어려울 때	"외주 업체를 정하는 과정에서 혼자 결정하기엔 애매한 부분이 있어서요. 팀장님 의견을 여쭤보고 싶습니다."
거의 다 해서 마지막 점검이 필요할 때	"팀장님, A건 이렇게 정리하려고 하는데 최종 검토 한 번 부탁드려도 될까요?"

비대면 보고를 적극 활용하라

모든 보고를 수시로, 매번 대면해서 해야 하는 건 아닙니다. 함께 일하다 보면 리더의 스타일도 점점 보이게 됩니다. 그러나 그전까지는 리더가 업무 상황을 먼저 묻기 전에, 내가 한 발 앞서 공유해 주는 편이 훨씬 안전합니다.

비대면 보고의 핵심은 '한눈에 파악되는 구조'입니다.

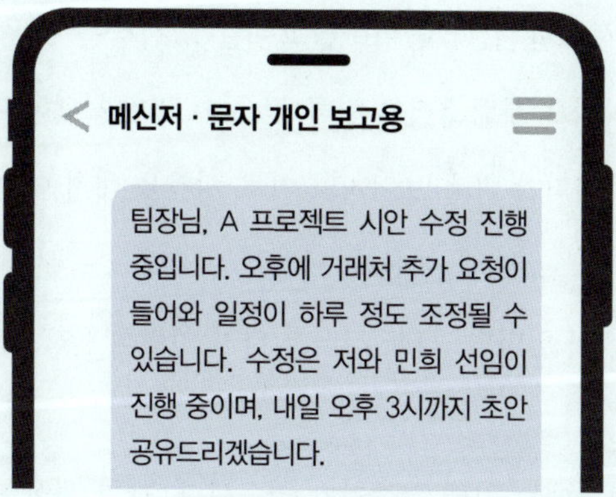

➡ 메신저 보고는 대화의 연장이기 때문에, 개조식보다는 짧은 문장형이 훨씬 자연스럽게 다가옵니다. 다만 리더가 효율을 중시하거나 한 번에 공유해야 할 정보가 많을 때는, 핵심만 정리한 개조식이 더 적합할 수 있습니다.

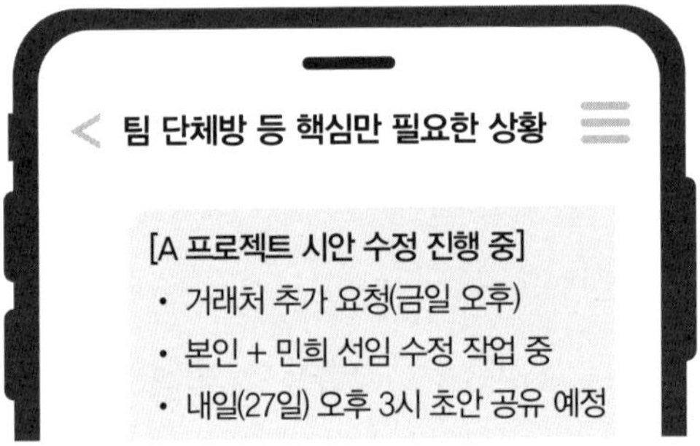

➡ 단체 채널은 빠르게 지나가는 공간입니다. 그래서 길게 설명하는 것보다, 한눈에 상황이 들어오는 개조식이 효과적입니다.

물론 사소한 일까지 미주알고주알 말하라는 뜻은 아닙니다. 내가 봐도 부담스러울 만큼 잦은 보고라면 오히려 역효과가 나죠. 리더가 바빠 보이거나 따로 시간을 내기 어려운 상황이라면, 짧은 문자나 메신저, 메일로 공유해도 충분합니다. 더 궁금한 점이 있다면, 그때 리더가 다시 연락해 올 겁니다.

중간보고에는 정해진 주기가 없습니다. 내가 편한 타이밍이 아니라, 리더가 궁금해하기 직전에 먼저 알려주는 것이 중요합니다. 보고가 빠르다고 잔소리하는 리더는 없습니다.

최종 보고:
리더의 관점을 사로잡는 3가지 원칙

마케팅팀 김 대리는 이번에 처음으로 큰 프로젝트를 맡았고, 기대 이상의 성과를 거두었습니다. 그만큼 리더에게 인정받고 싶은 마음도 컸기에, 보고 자료를 더욱 꼼꼼히 준비했습니다.

"먼저, 3분기는 계절적인 요인으로 시장 경쟁이 매우 치열했던 기간이었습니다. 특히 7월에는 예년보다 길게 약 3주간 장마가 이어지면서, 오프라인 매장 방문율이 전년 대비 약 25% 이상 감소했습니다. 여기에 8월에는 경쟁사 B사가 대규모 신규 캠페인을 런칭하며 TV · 디지털 매체를 중심으로 공격적인 광고 집행을 진행했습니다. 그 결과, 해당 기간 동안 주요 타깃 고객층의 유입이 전반적으로 분산되는 양상이 나타났습니다."

리더가 말을 끊습니다.

"잠깐만요. 김 대리, 요점만 간단히 말해줄래요?"

리더가 원하는 건 결론이지 설명이 아니다

보고하는 사람은 얼마나 어려운 상황이었는지, 그 안에서 얼마나 애써 왔는지를 말하고 싶어 합니다. 하지만 리더가 듣고 싶은 건 두 가지입니다.

지금 결과가 어떤지와 앞으로 무엇을 하면 되는지입니다.

보고 실습을 해보면 차이는 금세 드러납니다. 동료들이 리더의 입장이 되어 보고를 들어보면, 대부분 이런 반응이 나옵니다.

"생각보다 집중이 잘 안 되네요."

집중이 어려운 이유는 단순합니다. 한꺼번에 많은 정보가 쏟아지기 때문이죠. 보고자는 이미 전체 흐름과 과정을 알고 있어 머릿속에 완성된 그림이 있지만, 리더에게는 아직 그 그림이 없습니다.

그래서 보고자는 세부 정보에 앞서 이 보고의 큰 그림과 방향부터 제시해 줘야 합니다. 핵심이 보이지 않으면 리더는 이 이야기를 머릿속에서 정리하기가 쉽지 않습니다.

(✕) "상무님, 지난 3분기 TV사업팀 성과 말씀드리겠습니다. 2페이지에 보시면 매출은 78억을 달성했습니다. 주요 채널별로는 온라인 채널이 12% 상승, 오프라인은 3% 하락했습니다(자료를 순서대로 읽기 시작)."

(○) "3분기 A 매출은 전년 동기 대비 약 50% 이상 성장해 78억 원을 달성했습니다. 업계 평균 성장률이 80% 수준인 점을 고려하면, 이번 분기 성과는 의미 있는 수준이라고 판단됩니다. 그중에서도 온라인 채널의 기여도가 컸는데요. 그래서 오늘은 온라인 채널 영업 전략을 중심으로 분석해 말씀드리겠습니다."

좋은 보고는 리더가 어디에 초점을 두고 들어야 하는지를 초반에 알려주는 보고입니다. 성과를 어필하려는 건지, 예산을 논의하려는 건지, 그 목적만 분명히 해도 리더는 훨씬 집중해서 듣습니다.

• **끝난 일의 결과 보고: 그래서 결과는 어떠했고, 다음엔 어떻게 하면 되는가?**

결과 보고에서 가장 흔한 실수는 사실만 나열하는 것입니다. 숫자와 일정은 자세히 말하지만, 정작 "그래서 잘된 건가요?"라는 리더의 질문엔 답하지 못하는 거죠.

(✕) "신입사원 교육 마무리했습니다. 1일차는 기획력, 2일차는 커뮤니케이션, 3일차는 팀 활동, 4일차는 공장 견학, 5일차는 발표로 구성됐는데요. 프로그램의 자세한 내용과 학습자 반응은 보고서 3페이지에 적혀 있습니다."

결과 보고는 단순히 무슨 일이 있었는지 나열하는 자리가 아닙니다. 그 일이 어떤 의미를 남겼는가, 다음에는 뭘 바꿀 수 있는가를 함께 보여줘야 합니다.

(○) "이번 신입사원 교육은 평균 만족도 4.5점으로 성공적으로 마무리됐습니다. 특히 협업 활동에 대한 만족도가 가장 높았는데요. 올해 새롭게 시도한 프로그램인데, 디테일한 회사의 상황을 다뤄줘서 좋았다는 피드백이 많

았습니다. 다만, AI 실습 교육이 없어서 아쉽다는 피드백도 있었습니다. 그래서 다음 기수에는 AI 실습 세션을 추가해 실제 업무와 연결해 볼 계획입니다."

리더가 듣고 싶은 건 숫자 그 자체가 아닙니다. 그 숫자가 의미하는 바와 이번 결과가 앞으로 어떻게 반영될지입니다.

• **조사 · 현황 보고: 그래서 우리에게 뭐가 더 나은 선택일까?**

리더가 "한번 알아봐요."라고 말할 때는, 단순히 자료를 모아 오라는 뜻이 아닙니다. 여러 안을 늘어놓기보다, 그중에서 뭐가 가장 나은지까지 말해달라는 뜻이죠.

그런데 많은 팀원들이 '얼마나 많이 알아봤는지'에 더 집중합니다.

(✕) "팀장님, 근처에 리조트가 한 열 곳 정도 있는데요. A는 바다 바로 앞이라 분위기는 좋은데, 가는 길이 좀 멀어요. B는 교통은 편한데 바다는 안 보이고요. C는 회의실이 넓긴 한데 숙소 컨디션이 좀 떨어져요."

이 보고를 들은 리더의 첫 질문은 대부분 같습니다.

"그래서 우리는 어디로 가는 것이 가장 좋나요?"

반면 보고를 잘하는 사람은 범위를 좁혀줍니다.

(O) "팀장님, 근처에 리조트가 열 곳 정도 있는데요. 교통이 편하고 회의 공간이 확보된 곳을 기준으로 세 곳을 추렸습니다. 그중에서는 C가 가장 적합합니다. 역에서 셔틀버스가 바로 연결돼 있고, 숙소 가격도 예산 범위 안이고요. 무엇보다 이동 부담이 적어서 전체 만족도도 높을 것 같아요."

이 보고가 좋은 이유는 선택의 기준과 결론이 한눈에 보이기 때문입니다. 만약 하나를 추천하기 부담스럽다면 '기준'만 제시해도 충분합니다.

"교통 접근성이 중요하면 B, 비용 효율을 우선하면 C가 가장 적합합니다."

이렇게만 말해도 리더는 빠르게 상황을 판단하고 쉽게 결정할 수 있습니다.

• **제안 보고: 그래서 지금 이걸 왜 해야 할까?**

새로운 일에는 언제나 리스크가 따릅니다. 그래서 리더는 당장 큰 문제가 없거나, 확실한 결과가 보이지 않는다면, 굳이 움직일 이유가 없죠. 따라서 리더를 움직이려면, 왜 '지금' 이걸 해야만 하는지가 보여야 합니다.

• **문제를 비교해서 보여주면, 심각성이 한눈에 들어옵니다.**

(✕) "퇴사율이 높습니다."

(○) "퇴사율이 작년 대비 두 배 늘었습니다.", "업계 평균의 두 배 수준입니다."

단순히 "높다"고 말하는 것보다, 숫자로 말하는 편이 와닿습니다. 그리고 그 숫자는 이전 데이터나 타사와의 비교처럼 기준이 있을 때 의미가 더 또렷해집니다.

• **막연한 어려움보다, 구체적인 비용이 리더를 움직입니다.**

(✕) "재교육이 어렵습니다."

(○) "신입 한 명이 나갈 때마다 평균 600만 원의 재채용 · 재교육 비용이 발생합니다."

'힘듭니다.', '어렵습니다.'라는 말은 리더에게 그저 개인적인 느낌이나 하소연처럼 들릴 수 있습니다. 하지만 여기에 구체적인 숫자가 붙으면 느낌이 달라지죠. 이 상황을 방치했을 때 버려질 돈과 시간이 객관적인 수치로 눈에 보이기 때문입니다.

- **제안은 조직의 목표와 이어져야 합니다.**

(✕) "신입 교육 프로그램을 새로 만들면 좋을 것 같습니다."

(◯) "지금 조직이 겪고 있는 신입 이탈 문제를 줄이기 위한 방향입니다."

제안이 새로운 프로젝트처럼 들리면 미뤄질 확률이 높습니다. 이미 해야 할 일도 많은데, 그만큼 인력과 시간을 새로 배정해야 하기 때문입니다. 반대로 지금 조직이나 리더가 고민하고 있는 문제를 조금 더 쉽게 해결해주는 일로 들리면 이야기가 달라집니다. '새로 하자.'가 아니라, '지금 이 문제를 해결하자.'로 들리기 때문입니다.

(O) "작년 기준으로 입사 1년 이내 퇴사율이 15%였습니다. 업계 평균이 8%니까 거의 두 배 수준입니다. 퇴사 면담에서도 '업무보다 사람 적응이 어렵다'는 답변이 60% 이상이었고요. 현재 신입 한 명이 나갈 때마다 재채용 · 재교육 비용이 평균 600만 원 이상 들어갑니다. 올해만 계산해도 손실이 약 1억 원 정도인데 이걸 줄이기 위해 '온보딩 코칭 프로그램'을 신설하면 좋겠습니다. 외부 강사보다는 사내 트레이너가 직접 코칭하는 방식으로 가면, 교육 효과도 높이면서 초기 예산은 약 30% 절감할 수 있습니다."

제안 보고의 본질은 'How'가 아니라 'Why Now'입니다. 지금이 아니면 안 되는 이유가 보여야, 리더는 움직입니다.

Theme 2.

일하는 방식 개선과 피드백

생산성 없는 회의, 도대체 왜 하는 건가요?

보통 일주일에 1회 이상 이루어지는 회의 시간은 비슷하게 흘러갑니다. 말은 많은데 결론은 없고, 할 일은 쌓여만 갑니다. 회의는 좀처럼 끝날 기미가 보이지 않고, 시계만 자꾸 눈에 들어옵니다. 신기하게도, 함께 머리를 맞대고 있는 이 시간이 하루 중 가장 비효율적인 시간으로 끝날 때가 많습니다. 모두가 이야기를 나눠보자고 모였지만, 정작 자유롭게 말하는 사람은 거의 없습니다. 어떤 회의를 해야 할까요?

리더의 한마디가 회의를 눈치게임으로 바꿀 때

한 방송에서 본 유명 식당의 회의 장면이 유난히 기억에 남습니다. 근처 관광지 출입 제한으로 손님이 줄며 매출이 급감하자, 오너가 팀원들에게 물었습니다.

"우리 매출이 떨어진 이유가 뭐라고 생각해?"

한 직원이 조심스럽게 답했습니다.

"상권이 하락해서 그런 것 같습니다. 유입 인구가 줄어든 것이 가장 큰 원인 같아요."

사실이었죠. 하지만 리더의 다음 한마디가 모두를 얼어붙게 했습니다.

"전부 외부 탓이네? 너희들은 잘못이 없나 봐?"

그 순간 회의실은 조용해졌습니다. 그때부터 모두 리더의 눈치만 보기 시작했죠.

물론 리더의 답답함도 이해됩니다. 외부 탓만 하는 팀원들을 보며, '위기의식을 못 느끼는 건가?', '이 상황이 언제까지 계속될까?' 하는 생각에 불안한 마음도 들었을 겁니다. 하지만 그 불안을 팀원에게 공격적인 질문으로 내비치는 순간, 회의는 멈추게 됩니다.

만약 리더가 이렇게 물었다면 어땠을까요?

"매출이 50% 하락했어요. 상권 하락이 큰 원인이겠지만, 마냥 기다릴 수는 없죠. 우리가 지금 할 수 있는 것이 뭐가 있을까요?"

이처럼 우리가 할 수 있는 일로 질문의 범위를 좁히면, 회의는 함께 방법을 고민하는 생산적인 시간으로 바뀝니다.

팀원이 입을 닫는 건 나름의 '합리적인 결정'입니다

회의가 피곤한 이유는 단순히 회의 시간이 길어서가 아니라, 길게 느껴지기 때문입니다. 팀원의 의견에 리더가 날 선 반응을 보이거나 공격적으로 대응한다면, 누구라도 쉽게 입을 열기 어렵습니다. 섣불리 의견을 내놓았다가 부정적인 피드백을 받느니, 차라리 조용히 있는 편이 중간이라도 간다고 생각하는 거죠.

조용히 있는 팀원들을 보며 리더는 답답합니다.

'왜 다들 이렇게 열정이 없지?'

하지만 이를 단순히 열정이 없어서라고 단정할 수는 없습니다. 사실 팀원들은 나름의 합리적인 판단을 내리고 있는 것에 가깝습니다. 괜히 의견을 냈다가 분위기가 싸해질 수도 있고, 제안이 채택되면 그 일이 고스란히 내 몫이 될 수도 있으니까요. 이런 조심스러움이 쌓이면, 팀원들은 점점 더 침묵하고, 회의는 리더의 이야기만으로 채워지게 됩니다.

아이디어를 살리는 첫걸음, No 없는 환경 만들기

회의가 활발해지려면, 누가 어떤 말을 해도 부담 없는 분위기부터 만들어야 합니다. 그 시작은 리더의 한마디입니다.

"지금은 아이디어가 많을수록 좋습니다. 그래야 나중에 좋은 안을 고르기도 편하거든요. 그러니 뭐든 생각나는 대로 편하게 말해주세요."

이 한마디는 회의를 '정답을 찾는 시간'에서 '생각을 모으는 시간'으로 바꿔줍니다. 완벽한 답을 말해야 한다는 부담이 사라지면, 그때부터 사람들은 눈치를 덜 보고 입을 열기 시작하죠.

그런데 분위기를 만들어놔도, 팀원들이 바로 적극적으로 이야기하긴 쉽지 않습니다. 아무리 편한 분위기여도, 가장 먼저 침묵을 깨는 일엔 망설임이 따르니까요. 이때 리더가 흔히 하는 말이 있습니다.

"다들 의견 없어요?"

"그럼 돌아가면서 하나씩 말해볼까요? 편하게 말해봐요. 이 대리부터."

이런 말은 자율적으로 들리지만, 사실상 '지금 말해야 한다'는 압박으로 받아들여지기 때문에 차라리 리더가 그 첫 번째 말을 직접 열어주는 게 훨씬 낫습니다.

(이미 방향성은 정해졌을 때)

"이번 신입사원 교육을 어떻게 구성할지 고민이에요. 오랜만에 채용하는 만큼 직무교육보다는 같이 어울릴 수 있는 자리가 좋을 것 같은데, 어떻게 생각해요?"

(방향성부터 함께 고민해야 할 때)

"이번 신입사원 교육을 어떻게 구성할지 고민이에요. 팀워크를 다지는 게임 위주로 갈지, 현장에서 바로 활용하는 실무 실습에 집중할지. 아예 리조트에서 축하와 힐링도 좋고요. 우리는 어떻게 하는 게 좋을까요?"

아직 방향이 확실하게 정해지지 않았다면, 한쪽으로 단정하지 말고 여러 선택지를 함께 열어두는 것이 좋습니다. 그래야 팀원들도 리더의 생각을 따라가기보다 각자의 관점에서 자유롭게 이야기할 수 있습니다. 그리고 의견이 충분히 모였다면, 마지막에 흐름을 정리해주는 것이 리더의 몫입니다

Yes, but 대신 Yes, if: 아이디어를 살리는 리더의 대화법

회의에서 중요한 건 아이디어의 완성도가 아니라, 입을 열 수 있는 용기입니다. 누군가 먼저 말을 꺼냈다면, 내용이 맞든 틀리든 그 시도 자체를 인정해줘야 합니다.

"가장 먼저 의견 내줘서 고마워요."

"그런 관점도 있을 수 있겠네요."

이와 같은 짧은 한마디가 팀의 분위기를 바꿉니다. 어떤 의견이든 환영받는다는 믿음이 생기면, 사람들은 조금 더 편하게 입을 열기 시작합니다. 그 순간부터 아이디어는 더 많아지고 다양해지죠.

그 다음 단계가 중요합니다. 그렇게 모인 아이디어를 그냥 흘려보내지 않고, 어떻게 현실화할 수 있을지 함께 고민해보는 것이죠.

'Yes, but'을 사용한 대답과 'Yes, if'의 대답입니다.

팀원: "이번 명절 시즌에 민트초코 떡 세트를 출시해보면 어떨까요? 색다른 선물을 찾는 젊은 층 사이에서, SNS 인증샷 열풍이 불며 금방 화제가 될 것 같아요!"

리더: "좋은 아이디어네요. 그런데 우리 주요 고객층은 50대 이상이라 민트초코는 좀 낯설어하실 것 같아요."

긍정으로 시작하지만 결과적으로 거절하는 전형적인 'Yes, but'의 대화입니다. 팀원 입장에서는 이런 마음이 들죠.

'바로 거절할 거면서 왜 좋은 아이디어라고 한 거지?'

대신 이렇게 말할 수 있습니다.

(○) "젊은 타깃을 잡는 발상이 좋네요. 만약 주 타깃층으로 요즘 세대를 겨냥한다면, 50대는 어떤 콘셉트로 함께 끌어가면 좋을까요?"

이건 'Yes, if'의 대화입니다. 막연한 비판 대신, 어떻게 하면 이 아이디어를 현실로 만들 수 있을지 함께 고민하는 것입니다. 리더의 피드백은 왜 안 되는지 분석하는 데서 끝나면 안 됩니다. 'but'은 아이디어를 멈추게 하지만, 'if'는 아이디어가 한 단계 더 나아가도록 만들어 주니까요.

결론이 있는 회의가 조직을 바꾼다

회의가 지치는 이유는, 달라지는 것이 없는 시간 낭비라고 느껴지기 때문입니다. 매번 열심히 아이디어를 내고 토론을 해도 아무 일도 일어나지 않고 변하는 것이 없다면, 사람들은 점점 말을 아끼게 됩니다.

'어차피 해봐야 달라지는 것이 없잖아.'

이 생각이 지속적으로 쌓이다 보면, 회의는 점점 형식적인 절차가 되어버립니다.

저 역시 신입시절 그런 회의에 답답함을 느낀 적이 있습니다. 열정적으로 참여했지만, 세 번째 회의까지도 내용에 변함이 없었습니다. 현실과 동떨어진 리더의 이야기만 이어졌고,

선배들은 불만이 많아도 입을 열지 않았습니다. 처음엔 그 침묵이 이해되지 않았는데, 시간이 지나고 알았습니다. 아무리 말해도 바뀌지 않으니, 기대를 내려놓은 것이었죠.

회의의 결론이나 피드백이 명확하지 않으면, 다음 회의는 결국 지난번과 똑같은 이야기를 다시 시작하는 도돌이표가 되고 맙니다.

그래서 리더는 회의의 시작점과 마침표를 정확하게 찍어줘야 합니다.

"지난 회의 때 논의했던 A안건은 이렇게 진행 중입니다."

"B건은 내부 검토 후 다음 주까지 공유 드릴 예정입니다."

"그리고 지난번 논의했던 C 아이디어는 예산 때문에 당장은 어렵다고 하네요. 예산을 조금 줄여서라도 할 수 있는 방법이 있을까요?"

결과가 기대에 못 미쳤을 때도 마찬가지입니다. 어제의 실수를 두고 책임을 묻고 따지는 것이 아니라, 한 단계 나아간 '수정된 방법'을 논의해야 합니다. 결국 좋은 회의란, 실질적인 변화를 만들어가는 회의입니다.

피드백은 왜 항상 늦을까: 리더의 시간을 움직이는 말하기

기획팀 김 대리는 며칠 동안 공들인 신제품 행사 기획안을 드디어 완성했습니다. 아침 일찍 팀장님 책상 위에 올려두며 마음이 가벼웠죠. 그리고 이렇게 생각했습니다.

'오전에 피드백 받고, 오후에 마케팅팀이랑 조율하면 되겠네.'

"팀장님, 신제품 행사 기획안입니다. 확인 후 피드백 부탁드립니다."

"네, 두고 가세요."

팀장님 승인 없이는 다음 단계를 진행할 수 없는 상황인데 오전 내내 아무런 답이 없었습니다. 일단 그 업무를 홀딩한 채 다른 일을 하고 있었습니다. 시간은 흘러 어느새 오후 다섯 시.

퇴근 한 시간 전에서야 드디어 팀장님이 김 대리를 부릅니다.

"프로그램 이거 말고 다른 건 없나요? 임원진이 선호하지 않을 수도 있을 것 같아서요."

아침 8시에 보고 올린 자료를 이제 와서 다시 고치라니. 지금 수정해도 내일 오전에야 보고드릴 수 있고, 마케팅팀은 이미 다른 업무에 들어가 추가 조율도 어렵습니다.

리더는 여유로운데, 실무자만 늘 시간에 쫓깁니다. 어떤 날은 퇴근 10분 전에야 피드백이 오기도 하죠. 본인은 퇴근하면서, 나한테는 남아서 일하라는 뜻일까요.

왜 리더의 피드백은 늦을까

리더는 늘 바쁩니다. 그리고 그 바쁨의 바탕에는 이런 생각이 자리 잡고 있습니다.

'피드백은 마음만 먹으면 언제든 할 수 있는 일이다.'

팀원이 기획안을 들고 오는 순간, 리더의 머릿속에서는 이 일이 '지금 해야 하는 일'에서 '언제 해도 되는 일'로 바뀝니다. 초안이 완성된 이상, 이제 큰 틀은 끝났고 자잘한 수정만 남았다고 생각되기 때문입니다. 그래서 다른 급한 이슈가 생기면 '이건 이미 초안이 있으니 급하지 않다. 마음만 먹으면 금방 볼 수 있지. 그러니 우선 급한 일부터 처리하자.' 이렇게 판단하게 됩니다.

결국 피드백이 늦어지는 이유는 나중에 해도 된다는 생각 때문입니다. 하지만 팀원의 입장은 다릅니다. 리더의 승인이 있어야 실무진이 움직일 수 있으니까요. 그래서 피드백 한 줄이 늦어지면, 팀 전체가 손을 놓고 기다리는 상황이 벌어지기도 합니다.

리더의 시간을 내 시간으로 바꾸는 대화법

"팀장님, 신제품 행사 기획안입니다. 이번 주에 제작하려면 오늘 안에는 업체에 최종 컨펌을 전달해야 합니다. 마케팅팀과 3시에 회의가 예정돼 있어서, 가능하시면 2시 전까지 피드백 주실 수 있을까요? 피드백 주신 내용 반영해서 마케팅팀과 최종 조율 후 시안 전달 드리겠습니다."

이 짧은 대화 안에는 리더가 지금 반응하게 만드는 세 가지 포인트가 있습니다.

• 왜 지금 해야 하는지 이유를 먼저 보여주세요.

"이번주에 제작하려면, 오늘 안에는 업체에 최종 컨펌을 전달해야 합니다."

리더는 단순히 '언제까지'가 아니라, '왜 지금 결정해야 하는가'를 들을 때 움직입니다. 비용 손실이나 마감 기한 같은 실질적인 이유를 함께 말하면, 리더는 이 일을 언제 봐도 되는 일이 아니라 지금 처리하지 않으면 손실이 발생하는 일로 인식하게 됩니다.

• 묻는 톤으로 말해주세요.

"마케팅팀과 3시에 회의가 예정되어 있어서, 가능하시면 2시 전까지 피드백 주실 수 있을까요?"

단순히 "2시까지 부탁드립니다."라고 말하면, 리더에게는 무례한 압박으로 느껴질 수도 있습니다. 자칫 '그렇게 급한 거면 진작 가져오지 그랬어?' 같은 반응이 돌아올지도 모르죠. 이미 일정이 빽빽한 상황에서 갑자기 들어온 요청은 리더에게도 반갑기보다 부담으로 먼저 다가오기 때문입니다. 그래서 같은 요청이라도 리더의 여유를 확인하는 '질문의 형식'을 빌리는 것이 좋습니다.

- **피드백을 받은 뒤 이어질 다음 단계까지 명확하게 공유해 주세요.**

"주신 내용 반영해서 마케팅팀과 최종 조율 후 시안 전달 드리겠습니다."

리더가 피드백을 미루는 이유는 자신의 확인이 '마무리'라고 생각하기 때문입니다. 그래서 당장 급한 일에 순위가 밀리기 쉽죠. 하지만 리더의 피드백 뒤에 마케팅팀과의 조율, 시안 전달 등 줄줄이 다음 단계가 기다리고 있다는 것을 알려주면 이야기가 달라집니다. 내 결정이 팀의 일정과 연결돼 있다는 걸 아는 순간, 리더는 훨씬 빠르게 움직입니다.

리더의 약속의 언어: 언제 확인이 가능한지 말해주세요

리더는 늘 여러 일을 동시에 처리하느라 여유가 없습니다. 하지만 바쁘다는 이유로 묵묵부답하기보다, 언제 검토가 가능한지 미리 알려주는 편이 훨씬 현명합니다.

리더의 침묵은 단순히 업무를 늦출 뿐 아니라, 팀원에게 '내 일이 우선순위에서 밀렸구나.'라고 오해하게 만듭니다. 리더의 의도와 상관없이 팀원의 사기가 꺾일수도 있죠. 그래서 피드백을 바로 주기 어렵다면, 적어도 팀원이 마냥 기다리지 않게끔 최소한의 정보라도 제공해야 합니다.

첫째, 팀원의 긴급도를 먼저 확인하세요.

리더의 상황을 설명하기에 앞서, 팀원이 지금 이 일을 얼마나 급하게 처리해야 하는지부터 물어야 합니다.

"제가 지금 CEO 보고 자료를 수정해야 해서 바로 보긴 어려운데, 혹시 오늘 중으로 꼭 승인해야 하는 부분이 있을까요?"

이 한 문장만으로도 팀원은 자신의 일이 이유 없이 뒤로 밀린 게 아니며, 리더가 내 상황을 충분히 살피고 있다는 걸 느낄 수 있습니다.

둘째, 검토가 가능한 시점을 구체적으로 알려주세요.

당장 확인이 어렵다면, 언제 피드백이 가능한지 명확하게 말해주는 게 좋습니다.

"급하지 않으면, 오늘은 임원진 긴급회의가 있으니 내일 오전 10시에 자세히 이야기하죠."

만약 오늘 중으로 피드백이 꼭 필요하지만 직접 검토할 시간이 없다면, 업무가 중단되지 않도록 대안을 마련해 줘야 합니다.

“이건 오늘 안에 확인이 필요하겠네요. 제가 3시까지 회의가 있어서 직접 보긴 어렵지만, 김 차장이 2시까지 1차 피드백을 드릴 수 있게 전달하겠습니다. 이후 제가 최종 승인하죠.”

리더의 역할은 모든 업무를 직접 처리하는 것이 아닙니다. 적절한 ‘위임’과 빠른 ‘의사결정’을 통해, 팀 전체의 업무가 원활하게 돌아가도록 만드는 것입니다.

셋째, 기다리는 동안 무엇을 하면 좋을지 알려주세요.

“이 기획안은 제가 확인하기 전까지 잠시 멈춰두고, 예산안 검토부터 진행해 주세요. 내일 오전 10시에 피드백하고 진행합시다.”

이 한마디로 팀원은 막연히 답을 기다리는 것이 아니라, 편안하게 다른 업무에 집중할 수 있습니다.

물론 피드백은 빠를수록 좋습니다. 하지만 바로 확인이 어렵다면, 대안을 제안하든, 언제까지 보겠다고 말해주든 리더의 계획을 말해주면 됩니다. 리더의 가이드가 있는 것만으로도 팀원은 훨씬 편안하게 다음 업무에 집중할 수 있습니다.

딴소리하는 리더,
휘둘리지 않고 일하는 방법

강의 중 한 학습자분이 갑자기 전화를 받으러 나가더니, 얼굴이 새빨갛게 달아오른 채 돌아왔습니다. 잠시 후, 깊은 한숨과 함께 이런 말이 터져 나왔습니다.

"팀장님 때문에 정말 못 살겠어요."

그의 이야기는 이랬습니다.

"저희 팀장님은 분명 이야기를 나눴는데, 시간이 지나면 꼭 발뺌을 해요. 자기는 그런 말 한 적도, 그런 이야기를 들은 적도 없다면서요. 이번에도 제가 문제점을 보고 드렸고, '알겠어'라고 확인까지 했는데, 지금 고객사에서 문제가 생겨서 난리가 나니까 또 처음 듣는 일처럼 반응하시네요. 아니, 몰랐다고 하면 다입니까? 결국 수습은 제가 다 해야 하는걸요. 강의 중에 이리 뛰고 저리 뛰고, 이게 무슨 일인지 대체."

다른 학습자들도 고개를 끄덕였습니다.

"저희 팀에도 그런 분 있어요."

"저는 그래서 무조건 다 기록으로 남겨요."

리더의 '딴소리'는, 슬프게도 생각보다 많은 직장인이 겪고 있는 익숙한 풍경이었습니다.

기록은 오해를 막는 장치입니다

책임이 엇갈리는 상황을 막는 가장 현실적인 방법은 기록입니다. 하지만 단순히 기록을 남기는 것보다 더 중요한 것은 그 기록을 어떻게 활용하느냐입니다.

많은 이들이 구두로 나눈 대화를 문서로 정리해두지만, 정작 공유하지는 않은 채 개인 폴더에 쌓아두곤 합니다. '나중에 문제 생기면 증거로 꺼내야지.' 하는 마음에서죠. 하지만 이런 방어적인 기록은 상대를 신뢰하지 못한다는 증거이기도 합니다. 상대를 믿지 못하는 상태로는 업무에 온전히 집중하기 어렵죠.

기록은 문제가 생긴 뒤에 잘못을 따지려고 남기는 것이 아닙니다. 문제가 생기지 않도록 미리 정리하는 것이죠. 그래서 논의 후 빠르게 내용을 정리하여 공유하는 것이 훨씬 현명합니다.

이때 중요한 것은 공유하는 방식입니다. 대개는 아주 간결하게만 보냅니다.

"어제 논의한 내용 정리 파일 드립니다."

문제없어 보이지만, 이 문장은 그저 알림에 불과합니다. 여기에 한 문장만 덧붙여도, 메시지가 훨씬 친절해집니다.

"어제 논의한 내용 정리했습니다. 혹시 수정하실 부분 있으면 오늘 5시까지 말씀해 주세요."

이 한 문장은 기록을 일방적인 전달이 아닌, 상호 확인의 과정으로 바꿔줍니다. 상대에게 내용을 검토하고 수정할 수 있는 시간을 주었기 때문입니다.

이렇게 기한을 정해 공유하고 나면, 그 이후부터는 나도 마음을 내려놓을 수 있습니다. 충분히 확인을 요청했고, 기한을 정해 답변을 기다리는 등 내가 해야 할 책임을 다했기 때문입니다.

책임을 따지기보다, 선택지를 제시하세요

물론, 이렇게까지 정리하고 공유했는데도 리더가 모르는 척 할 때도 있습니다. 그 순간엔 정말 할 말을 잃고 속으론 이런 생각도 듭니다.

'그럴까 봐 내가 다 남겨 뒀다.'

그리고 본능적으로 이렇게 말하고 싶어집니다.

(✕) "그때 분명 이렇게 말씀하셨잖아요."

하지만 이렇게 말하면 대화는 누구 잘못인지 따지는 싸움으로 흐르기 쉽습니다. 내 말이 맞을지는 몰라도 분위기는 싸늘해지고, 리더 역시 책임을 피하기 위해 방어적으로 대응할 가능성이 높죠.

사실 우리가 원하는 건 리더의 사과를 받아내 승리하는 것이 아닙니다. 그저 일이 더 커지지 않고, 스트레스 없이 매끄럽게 상황이 정리되길 바랄 뿐이죠. 그러려면 대화의 초점을 과거가 아닌 '지금 이후'에 두어야 합니다. 책임을 따지는 것보다 더 중요한 건 문제를 해결하는 것이니까요.

이럴 땐 감정을 빼고, 리더가 다시 결정할 수 있게 정보를 주는 게 최선입니다.

"지난번 공유해 드린 대로 A 리스크 때문에 이 방향으로 작업 중이었는데요. 지금 바꾸면 이틀 정도 지연이 생길 것 같습니다. 어떻게 할까요?"

굳이 '제 말이 맞습니다.'라고 확인시키기보다는 이미 공유된 내용이라는 걸 슬쩍 상기시키면 충분합니다. 그리고 이어서 리더가 지금 바로 선택해야 할 내용을 묻는 거죠.

이때 핵심은 두 가지입니다.

① 그때 왜 그런 결정을 했는지 떠올리게 하기

② 지금 바꿀 경우 어떤 영향이 생기는지 알려주기

리더는 늘 바쁘게 움직이다 보니 예전에 왜 그렇게 결정했는지 이유가 순간적으로 떠오르지 않을 때가 있습니다. 그래서 그 이유를 다시 한번 짚어주는 말이 필요합니다.

"그땐 A 리스크를 줄이기 위해 진행 방향을 바꾸기로 정리했었습니다."

"그때는 일정이 촉박해서 단계별로 가기로 하셨던 걸로 기억합니다."

리더가 '맞아, 그땐 이런 이유가 있었지.' 하고 떠올리게 돕는 거죠. 그리고 시간이나 비용 같은 현실적인 영향을 덧붙이면 됩니다.

"지금 방향을 바꾸면 일정이 이틀 밀리고, 다른 부서의 업무 스케줄도 함께 조정해야 합니다."

리더를 몰아붙이는 것이 아니라, 상황을 다시 잡아주는 겁니다. 그때 왜 그렇게 결정했는지, 지금 결정을 바꾸면 어떤 영향이 생기는지 정리해 주면, 리더도 현재 상황을 제대로 파악하고 합리적인 선택을 할 수 있습니다.

처음 몇 번이면 충분합니다

매번 이렇게 해야 한다면 누구라도 지칩니다. 이 방법의 진짜 목적은 초반에 내 업무 스타일이 어떤지 확실히 보여주는 데 있습니다.

리더는 수많은 보고를 받으며 누가 말로만 때우는지, 누가 정리하며 일하는지 본능적으로 파악합니다. 바쁠수록 그 차이는 더 명확히 보이기 마련이니까요. 그래서 처음 2~3번만 명확하게 보여주면 충분합니다. 그 짧은 경험만으로도 리더의 생각이 달라질 테니까요.

'아, 이 사람은 말로만 대충 넘기는 스타일이 아니구나.'

'나중에 딴소리했다가는 더 번거로워질 수도 있겠네.'

리더의 머릿속에 이런 인식이 생기면, 이후엔 말을 뒤집거나 모른 척하기가 훨씬 어렵습니다. 그리고 이때 필요한 건 감정적인 대응이 아닙니다. 담담하고 차분한 질문 하나가 훨씬 큰 힘을 발휘하죠.

"지난번 주간 회의 때 이렇게 결정하셨던 것으로 기억하는데, 혹시 방향이 바뀐 걸까요?"

직접 "그건 팀장님이 결정한 거잖아요."라고 따지지 않아도, 리더가 스스로 상황을 다시 떠올리게 됩니다. 말로 몰아붙이는 것보다 훨씬 세련되고 효과적인 방법입니다. 감정을 섞지 않고도, 리더가 자신의 결정을 스스로 책임지게 만들 수 있으니까요.

Theme 3.

리더의 역할과 성장

위로도 아래로도 눈치, 외로운 중간관리자의 생존 전략

중간관리자는 외롭습니다. 위에서는 끊임없는 보고와 의사결정을 요구하고, 아래에서는 감정을 쏟아냅니다. 누구도 내 편은 아닌데, 두 편 사이에 서 있는 건 늘 나 자신뿐이죠. 내 말은 할 틈도 없이, 타인의 불만만 전부 내 자리로 몰려옵니다. 누군가는 완충 역할이라고 쉽게 말하지만, 그 자리에 서보면 압박감은 생각보다 훨씬 큽니다. 그래서 흔들리지 않으려면 내 중심부터 단단히 잡는 것이 필요합니다.

리더의 말 뒤에 숨은 '기대'를 읽는 법

리더: "요즘 박 대리는 어때?"

나: "음, 딱히 보고받은 건 없는데요."

리더: "최 사원은?"

나: "최 사원도 특별한 이슈는 없습니다."

리더: (잠깐 뜸을 두더니) "그래도 챙겨봐."

이 대화는 얼핏 보면 별것 아닌 것처럼 보입니다. 리더는 단순히 팀원들의 업무 진행 상황을 묻고, 나는 문제가 없다고 답하는 평범한 일상처럼 느껴집니다. 하지만 리더가 반복적으로 나에게 팀원들의 안부를 묻는 것은 중요한 신호입니다. 보고서에 적히지 않는 팀 분위기, 팀원 개개인의 고민이나 감정 상태까지 내가 나서서 파악하고 관리해 주길 바라는 마음이 담겨 있을 가능성이 높습니다.

물론 모든 리더가 중간관리자에게 같은 역할을 기대하는 것은 아닙니다. 리더의 성향에 따라 중간관리자에게 바라는 모습은 완전히 달라질 수 있습니다. 어떤 리더는 '리더-팀원'이라는 위계 자체를 싫어하기도 합니다. 직급에 상관없이 편하게 소통하는 분위기를 추구하는 거죠. 이런 경우, 중간관리자가 '관리자답게' 행동하며 팀 분위기를 통제하거나 조율하려 들면 오히려 상황이 어색해지고 리더와 거리감만 생길 수 있습니다.

따라서 중간관리자라면 섣부른 추측 대신, 리더가 자주 사용하는 말과 행동의 습관을 파악하는 것이 중요합니다. 리더가 어떤 방식으로 팀을 운영하고 싶어 하는지, 어떤 가치를 중요하게 생각하는지를 섬세하게 관찰하는 것이죠. 그래야 리더의 진짜 의도를 읽어내고, 상황에 맞는 방식으로 소통하며 신뢰를 쌓아갈 수 있습니다.

예를 들어 "누구 요즘 어때?"라는 질문을 자주 한다면, 팀원들의 상황과 분위기를 더 챙겨달라는 뜻일 수 있습니다. "일정 괜찮아?"라는 질문이 자주 나온다면, 업무 속도와 진행 상황을 더 면밀히 관리해달라는 신호일 수 있죠.

중간관리자의 역할에는 정답이 없습니다. 그래서 리더의 말 속에 숨겨진 힌트를 놓치지 않고 읽어내야 내가 어디에 힘을 쏟아야 할지 정확히 찾을 수 있습니다.

다 받아줄 수도, 못 본 척할 수도 없는 말들

후배들은 막연하게 감정으로만 이야기할 때가 많습니다. "선배님, 이번 프로젝트 진짜 부담돼요."라는 두루뭉술한 불만을 들을 때, 무조건 편을 들어주거나 일단 하자고 밀어붙일 수도 없는 난감한 상황에 놓이게 됩니다. 이럴 때는 감정에만 휩쓸리지 않도록 대화의 방향을 살짝 바꾸는 것이 좋습니다.

"힘든 거 알아. 근데 그중에서도 어떤 점이 제일 버거워? 시간이 촉박해서 그런 거야, 마케팅팀이랑 조율이 어려운 거야?"라고 물어본다면 내가 도울 수 있는 문제와 후배가 감당해야 할 일을 구분할 수 있습니다. 막연한 불만만 늘어놓게 두면 해결되는 것은 하나도 없이 서로의 감정만 소모될 뿐입니다. 하지만 문제를 구체적으로 쪼개다 보면 '일정을 조금 조정하면 되겠다.', '이건 리더에게 다시 이야기해볼 수 있겠다.'와 같이 어떻게 도와줄 수 있을지 구체적인 방법이 보이기 시작합니다.

중간관리자는 유능한 조율자가 되어야 합니다

중간관리자는 팀의 모든 문제를 혼자 해결할 수 없습니다. 특히 팀원의 어려움이 반복되고, 내가 도와주어도 상황이 나아지지 않는다면, 이는 개인의 문제가 아니라 구조적인 조정이 필요하다는 신호일 수 있습니다. 이때는 리더에게 보고하여 근본적인 해결책을 찾아야 합니다.

단순히 "민수 사원이 계속 힘들어합니다."라며 후배의 말을 그대로 옮기는 것은 조율이 아닙니다. 중간관리자로서 단순히 상황을 전달하는 것을 넘어, 문제를 해결하기 위한 방법을 제안해야 합니다. 리더를 설득하고 상황을 조율하기 위해서는 보고에 다음의 네 가지 요소를 포함하는 것이 중요합니다.

- **주장**(결론): 내가 원하는 해결책이 무엇인지 명확히 밝힙니다.
- **사실**(상황): 감정을 배제한 객관적인 상황을 전달합니다.
- **반복성**(빈도): 이 일이 일시적인 실수가 아니라, 구조적 개선이 필요한 '반복된 문제'임을 증명합니다.
- **시도한 조치**(노력): 중간관리자로서 문제를 해결하기 위해 어떤 노력을 했는지 보여줌으로써, 상급자의 결정이 필요한 단계임을 설득합니다.

"민수 사원의 업무 재조정이 필요하다고 판단되어 보고드립니다." (주장)

"최근 세 번의 프로젝트에서 일정이 반복적으로 지연되었습니다. 그때마다 동료들이 마무리를 대신하면서 초과 근무가 발생했습니다." (사실)

"매번 같은 지점에서 실수가 반복되거나, 속도가 나지 않아 일정이 계속 지체되는 상황이 이어지고 있습니다." (반복성)

"직접 가이드를 주고 밀착 관리도 해보았으나, 현재처럼 주니어가 PM을 맡아 진행하는 구조에서는 근본적인 해결이 어렵다고 판단됩니다." (내가 시도한 조치)

이렇게 말하면 민수 사원의 개인적 감정이 아니라, '팀 전체에 반복적으로 영향을 주는 구조적 문제'로 전달됩니다. 리더가 상황을 객관적으로 판단할 수 있는 근거를 제시하는 것이죠.

문제는 그 다음입니다. 리더가 적극적으로 조율하려 하면 다행이지만, "좀 더 신경써줘."라며 공을 다시 넘길 때도 많습니다. 이는 중간관리자가 한 번 더 노력해주길 바라는 리더의 무언의 압박일 수 있습니다. 그럴 땐 이 상황을 방치했을 때

팀에 어떤 영향이 생길 수 있는지를 더 명확히 보여주며 다시 이야기할 필요가 있습니다.

"팀장님, 지금처럼 일정이 밀리면, 이번 달 마감 자체를 맞추기 어렵습니다. 어떤 방식으로든 조정이 필요합니다."

중간관리자의 보고는 단순히 팀원의 불만을 전하는 것이 아닙니다. 문제를 정확히 정의하고 리더가 명확하게 판단할 수 있도록 해결의 실마리를 제공하는 것입니다.

리더의 예민함에 팀원이 불안해할 때

가끔 팀장이 이유 없이 날카로워지는 날이 있습니다. 평소 같으면 웃고 넘어갈 일에도 목소리가 높아지고, 메신저 답장도 짧고 차갑죠. 눈치를 보던 팀원들이 "선배님, 팀장님 오늘 왜 이렇게 예민하세요?"라고 물을 때, 중간관리자의 한마디는 팀 분위기를 좌우할 수 있습니다.

"그러게, 요즘 왜 저러실까. 나도 답답하다."라고 맞장구치면 서로의 기분만 확인했을 뿐 달라지는 건 아무것도 없습니다. 팀장은 여전히 날카로운 상태 그대로죠.

"원래 저 분 성격이 좀 그렇잖아. 그냥 이해해."라는 말은 더 막막하게 다가옵니다. 듣는 팀원 입장에서는 '그럼 난 뭘 어떻게 해야 하나?'라는 생각만 들 뿐입니다. 이럴 때 중간관리자는 같이 방관하는 사람이 아니라, 팀원이 불안해하지 않도록 상황을 확인하고 정리해 주는 역할을 해야 합니다.

"내가 좀 이따 한 번 물어볼게. 혹시 팀장님한테 확인받아야 할 거 있어?"

이 말은 당장 눈치 보는 팀원에게 혼자가 아니라는 안도감을 줍니다. 하지만 단순히 이렇게 말하는 것만으로는 부족합니다. 팀원에게 "괜찮아."라고 말해주는 것은 임시방편일 뿐, 문제의 근본적인 원인을 해결하려는 노력이 뒤따라야 합니다.

팀장님의 날카로움이 단순한 기분 문제가 아닐 수도 있습니다. 다른 업무적 이슈로 스트레스를 받고 있거나, 상사로부터 업무 압박을 받는 중일 수도 있죠. 이럴 때는 무작정 다가가기보다 가벼운 질문을 던지며 상황을 확인해 보는 것이 좋습니다.

"팀장님, 요즘 신경 쓸 게 너무 많으시죠. 혹시 제가 더 챙겨야 하거나 해야 할 게 있으면 말씀해 주세요."

이런 말을 건네는 것만으로도 리더는 큰 힘을 얻습니다. 만약 리더가 고민을 공유해준다면, 그때부터 중간관리자의 진짜 역할이 시작됩니다. 상황을 정확히 파악해 팀원들이 막연한 불안감을 느끼지 않도록 적절하게 상황을 설명해주고, 리더에게는 그 고민을 끝낼 실무적인 해결책을 함께 찾아주는 것입니다.

중간관리자는 위아래의 감정을 단순히 전달하는 사람이 아닙니다. 팀원의 불안을 잠재우고, 이어서 리더의 마음을 읽으려는 노력을 하는 것이야말로 중간관리자가 자신만의 단단한 중심을 잡는 가장 현실적인 방법입니다.

열심히는 하는데, 늘 제자리걸음인 후배: 일머리를 키우는 코칭의 기술

'열심히는 하는데, 왜 늘 제자리걸음일까?'

민준 씨는 후배 지훈 씨를 볼 때마다 마음이 복잡합니다. 성실하고 일하는 태도도 좋은데, 결과물이 늘 아쉽기 때문입니다. 같은 실수를 반복하고, 새로운 업무를 맡기면 진도가 잘 나가지 않습니다. 다시 설명하자니 답답하고, 그대로 두자니 결국 뒷수습이 민준 씨의 몫이 됩니다.

지훈 씨는 누구보다 의욕적으로 일하려고 하지만, 막상 결과물을 보면 손볼 곳이 한두 군데가 아닙니다. 차라리 내가 하는 게 빠르겠다는 생각이 들다가도, 문득 이런 생각이 스칩니다.

'분명히 모르면 물어보라고 했는데 왜 안 물어보는 걸까?'

질문의 문턱을 낮추는 언어: "막히는 건 당연해요"

후배가 묻지 않는 이유는 의외로 단순합니다. 물어보러 가는 과정 자체가 큰 용기를 필요로 하기 때문입니다. 후배에게 선배의 벽은 생각보다 높습니다. 질문을 꺼내는 순간, '이 정도도 모르나?' 하는 눈빛을 받을까 봐 괜히 주눅이 들고 선배는 늘 바빠 보여서 말을 건넬 타이밍을 찾는 것조차 쉽지 않습니다.

이럴 때는 선배가 먼저 질문의 문턱을 살짝 낮춰주는 것이 필요합니다. 그렇다고 후배가 묻기도 전에 먼저 나서서 다 알려줄 필요는 없습니다. 과한 친절은 잔소리로 들릴 수도 있고, 무엇보다 후배가 스스로 고민하며 배울 기회를 잃게 되니까요. 질문은 후배가 하게 두되, 언제든 편하게 물어볼 수 있는 분위기를 만들어 주는 것이 선배의 몫입니다.

"기획서를 준비하다 보면 막히는 부분도 있을 거예요. 편하게 물어봐요."

이 한마디면 충분합니다. 막히는 것이 무능해서가 아니라, 누구나 겪는 자연스러운 과정임을 선배가 먼저 말해줄 때, 후배는 훨씬 편하게 도움을 청할 수 있게 됩니다.

후배의 속마음: '선배들은 한 번에 알아들을 거라 생각해요'

후배들이 정말 자주 하는 말이 있습니다.

"선배들은 한 번 가르쳐주면 다 알 거라고 생각해요."

실제로 한번 가르쳐준 걸 후배가 다시 물으면, 선배는 이 말부터 나옵니다.

"그거 지난번에도 가르쳐 줬잖아."

생각보다 이 한마디의 힘은 셉니다. 다시 물으러 오는 후배의 마음은 이미 무거웠을 테니까요. 그래서 이 말을 듣는 순간, 후배는 다시 움츠러듭니다. 결국 이해가 안 돼도 그냥 알아들은 척하고 돌아서죠. 그러다 보니 같은 실수가 반복되는 경우도 생깁니다. 후배 입장에서는 사실상 두 번째 설명은 거의 못 들은 것이나 마찬가지니까요.

하지만 이 사실을 모르는 선배 입장에선, 두 번이나 가르쳐 줬는데도 제대로 못 하는 후배가 답답할 수밖에 없습니다.

"도대체 몇 번을 설명해 줘야 해요? 모르면 물어보고 하라니까요."

후배의 일머리를 키우는 비결: 자료를 '함께' 보는 시간

후배는 선배의 설명을 한 번에 다 이해하기 어렵습니다. 선배가 하나하나 짚어주며 차근차근 설명해 줬다면 모르겠지만, 대부분은 선배의 기준으로 설명했을 가능성이 크기 때문입니다.

그래서 실제로 일을 하다 보면, 후배는 중간중간 헷갈리거나 놓치는 부분도 생깁니다. 이때 '가르쳐줬으니까 자료 보면서 하면 되잖아요.'라고 생각하는 선배들이 많을 것입니다.

그런데 후배는 어떤 자료를, 어떻게 봐야 하는지 아직 감이 잡히지 않은 상태입니다. 설명은 설명대로, 자료는 자료대로 따로 존재하는 셈이죠. 말과 자료를 연결해 업무에 적용하는 일머리가 아직 만들어지지 않았기 때문입니다.

선배가 시간을 가장 효율적으로 쓰는 방법은 처음부터 후배가 참고할 자료를 함께 보며 설명하는 것입니다. 단순히 내용을 전달하는 것이 아니라, 그 자료를 어떻게 활용해야 하는지 함께 알려주는 거죠.

• **관찰력을 키워주는 디테일 코칭**

나중에 후배가 혼자서도 자료를 전략적으로 활용할 수 있도록 '보는 눈'을 길러주는 단계입니다. 리더의 작업물에 담긴 의도를 구체적으로 설명해 주세요.

"그래프에서 중요한 것은 내가 전달하고 싶은 메시지예요. 강조하고 싶은 것은 진하게 표시하고, 나머지는 회색으로 처리해야 보는 사람이 중요한 내용을 한눈에 파악할 수 있어요."

"보고서 3페이지 표를 보면 숫자 옆에 짧은 요약이 있죠? 데이터를 나열만 하지 말고, 한 줄 요약을 적어줘야 보는 사람이 자료를 해석하지 않아도 한눈에 이해할 수 있거든요."

이처럼 자료에서 무엇을 중점적으로 봐야하는지 말해줘야 합니다. 그래야 후배가 혼자 복습할 때도 선배가 강조한 포인트를 떠올리며, 어떻게 응용할 수 있을지 감을 잡게 됩니다.

물론 여유가 있다면, 후배가 스스로 고민하고 기다려주는 것이 가장 좋습니다.

하지만 실무 현장은 늘 시간에 쫓기기 마련이죠. 일머리가 아직 자리 잡지 않았거나, 같은 실수를 반복한다면 무작정 기다리기보다 때로는 명확한 '정답'을 먼저 보여주는 것이 효율적입니다. 다만, 정답만 보여주면 나중에 비슷한 업무를 맡았을 때 또다시 헤매게 됩니다. 그래서 '왜 그렇게 해야 하는지' 그 이유도 함께 설명해 주어야 합니다.

(수정 가이드) "이 데이터는 표보다 그래프로 시각화하는 게 좋겠어요"

(이유와 목적) "그래야 읽는 사람이 수치의 변화를 한눈에 파악하고 즉시 결정을 내릴 수 있거든요."

이렇게 알려줘야 후배는 단순히 지시받은 대로 하는 사람이 아니라, 이유를 이해하고 스스로 판단할 줄 아는 사람으로 성장합니다.

• 비교로 배우는 직관: '잘된 vs 부족한' 사례

가장 빠른 학습은 '대조'를 통해 일어납니다. 사실 아무리 좋은 사례를 보여줘도, 후배 입장에선 100% 와닿진 않습니다. 경험이 없기 때문에 이렇게 하는 게 얼마나 중요한지 잘 와닿지 않기 때문이죠. 그래서 잘된 사례와 아쉬운 사례를 함께 놓고 보여주는 게 훨씬 효과적입니다. 일종의 간접 경험을 시켜주는 거죠.

(아쉬운 사례를 보여주며)

"이 기획안은 데이터는 많은데, 그래서 뭘 결정해야 하는지가 안 보여요. 숫자에 묻혀 핵심 메시지가 흩어졌죠."

(잘된 사례를 보여주며)

"반면 이건 어때요? 결론을 맨 앞에 한 줄로 제시하고, 근거 데이터를 뒤에 배치했어요. 이렇게 해야 보는 사람이 '무엇을 결정해야 하는지'를 바로 잡을 수 있죠."

이렇게 두 가지를 나란히 보여주면, 후배는 직관적으로 이해하게 됩니다. 백 마디 설명보다 눈으로 직접 확인하는 한 번의 비교가 훨씬 빠르고 기억에도 오래 남습니다.

나만의 규칙을 만드는 힘: 일머리를 습관으로 만드는 법

일머리는 타고나는 게 아니라, 반복 속에서 만들어집니다. 한 번의 실수나 작은 성공을 흘려보내지 않고 '다음엔 이렇게 하면 되겠구나.'라는 나만의 공식으로 바꾸는 순간부터 일에는 속도가 붙기 시작합니다.

그래서 배우는 단계에서는 자신의 업무 상황을 기록해 두는 것이 좋습니다. 오늘 내가 어디서 막혔는지, 그때 어떤 방식으로 해결했는지 짧게라도 적어두는 겁니다.

막혔던 이유: 기획서 초안을 바로 쓰기 시작해서 핵심 정리가 안 됨
그때의 대처: 화면을 끄고 핵심 문장 3개를 먼저 써봄

잘된 경험 역시 훌륭한 교과서가 됩니다.

성공 사례: 회의에서 주도적으로 참여한다는 리더의 칭찬을 들음
성공 요인: 리더가 회의 중 무심코 던진 '우려 섞인 키워드'를 메모해 답변에 활용함
다음 규칙: 회의 중 리더가 2번 이상 강조하는 단어는 무조건 따로 적어놓고, 그 단어를 활용해 보고하기

이런 메모가 쌓이다 보면, 어느 순간 업무에 관한 감은 습관으로 변하게 되죠. 일머리는 그렇게, 스스로의 경험을 정리하는 사람에게 쌓입니다.

Epilogue

결국, 관계는 나로부터 시작됩니다

“속마음을 솔직히 말하면 관계가 안 좋아질 것 같아서, 그냥 말 안 해요.”

이 한마디에서 《차이의 언어》가 시작됐습니다. 우리는 종종 솔직함을 ‘감정을 바로 터뜨리는 일’로 오해합니다. 관계가 깨질까 두려워서 차라리 아무 말도 하지 않죠.

하지만 진짜 솔직함은 감정을 쏟아내는 게 아닙니다.

“짜증 나.”

이건 솔직함보다 감정의 폭발에 가깝죠.

“내 말을 들어주지 않는 것 같아 속상해. 내 이야기를 조금만 더 들어줬으면 좋겠어.”

이게 바로 솔직한 말입니다. 화를 있는 그대로 터뜨리는 게 아니라, 내 마음을 있는 그대로 들려주는 거죠.

물론 말처럼 쉽지 않습니다. 어떻게 말해야 하는지 머리로

”

는 알고 있는데, 이상하게 날카로운 말이 튀어나옵니다. 상대방의 이야기도 들어야 한다는 것을 아는데, 그 순간에는 듣고 싶지가 않습니다. 돌이켜보면 그런 순간은 언제나 마음의 여유가 없을 때였습니다. 그때 깨달았습니다. 대화를 잘한다는 건, 기술보다 마음의 여유에서 더 많이 나온다는 것을요.

비워야 들린다, 내 마음의 잔을 돌보는 시간

우리는 마음속에 저마다의 '감정의 잔'을 하나씩 가지고 있습니다. 누군가는 잔이 크고, 누군가는 조금 작습니다. 잔이 크면 웬만한 스트레스에도 덤덤하지만, 잔이 작은 사람은 같은 일에도 더 크게 영향을 받기도 합니다. 하지만 그건 잘못이 아닙니다. 애초에 타고난 성향의 차이일 뿐이니까요.

중요한 건 크기 자체가 아니라, 지금 내 잔이 얼마나 차 있는가입니다.

❝

잔이 비어 있을 때는 여유롭습니다. 웬만한 일도 웃으며 넘길 수 있죠. 참는 게 아니라, 상대를 받아낼 공간이 남아있기 때문입니다. 하지만 잔이 차오르기 시작하면, 작은 마음이 조금씩 흔들립니다. 그러다 찰랑찰랑 물이 넘치기 직전이 되면, 누군가의 별거 아닌 한마디에도 나도 모르게 예민하게 터져버리기도 하죠.

그리고 우리는 자책합니다.

'내가 왜 이렇게까지 예민하게 굴었을까?'

하지만 그건 내가 이상해서가 아니라, 너무나 자연스러운 일이었습니다. 이미 잔이 가득 차 있어서 더는 담을 곳이 없었을 뿐입니다. 감정을 억누르는 것은 넘치는 물을 손으로 막는 것과 같습니다. 당장 쏟아지지는 않아도 표정이나 말투, 짧은 한숨 사이로 조금씩 새어 나오기 마련입니다.

그래서 중요한 건, 넘치기 전에 틈틈이 비워주는 연습입니다. 내 잔이 남들보다 작다면, 그만큼 더 자주 비워주면 그만

”

입니다. 거창한 방법이 아니어도 됩니다. 잠시 산책을 하거나, 좋아하는 음악을 듣거나, 편안한 사람에게 오늘의 일을 털어놓는 것만으로도 충분합니다.

사람마다 회복되는 방식은 다릅니다. 중요한 건 '나를 비우게 만드는 나만의 방법'을 하나라도 아는 것입니다. 내 잔을 비워야 비로소 상대의 목소리가 들어올 자리가 생깁니다.

작은 쉼이 만드는 관계의 여유

회사에서 쌓인 피로가 퇴근을 한다고 해서 바로 사라지진 않습니다. 친구와 수다를 떨며 웃거나, 집에서 맛있는 음식을 먹으며 쉬다 보면 조금씩 괜찮아지는 거죠. 이처럼 우리의 감정은 스위치를 끄듯 리셋되는 게 아니라, 천천히 비워지고 또 다시 채워지는 과정을 거칩니다.

이런 소소한 순간들이 바로 나를 돌보는 시간입니다. 제 학습자 중 한 분은 퇴근 후 한 정거장을 일찍 내려 집까지 걷는

“

습관이 있었습니다. 어떤 날은 음악을 들으며, 어떤 날은 커피 한 잔을 손에 든 채, 또 어떤 날은 아무 생각 없이 걷는다고 했죠. 그 시간이 그분만의 소확행이자 회복 방법이었습니다.

30분 남짓한 짧은 시간이었지만, 그 시간을 꾸준히 가진 뒤로 회사에서도 집에서도 대화가 훨씬 부드러워졌다고 했습니다. 그 30분 동안 80%까지 차 있던 마음의 잔을 60% 정도로 조금 비워낸 덕분입니다. 20%의 여유가 생기니, 예전 같으면 날카롭게 부딪혔을 말이나 행동에도 한 번쯤은 멈춰 생각할 여유가 생겼기 때문입니다. 마음이 넓어지니 자연스레 이해되는 일들도 하나둘 늘어났죠. 그 작은 여유가 결국 대화를 바꾸고, 관계를 부드럽게 만들었습니다.

마음의 여유는 거창한 결심에서 오지 않습니다. 잠깐 멈추고 나를 돌보는 그 짧은 시간이, 나를 지키고 누군가를 품을 수 있는 가장 확실한 힘이 됩니다.

”

나답게 시작해, 우리로 이어지는 대화

우리는 여전히 서로 다릅니다. 하지만 이제 그 다름이 조금은 덜 낯설고, 덜 두려웠으면 합니다. ‘차이의 언어’를 배운다는 건, 일방적으로 맞추는 법이 아니라 서로 조율하는 법을 배우는 일이니까요.

이 조율은 언제나 ‘나’로부터 시작됩니다. 내 마음의 잔에 여유가 있어야, 비로소 상대의 진심을 담을 수 있습니다.

나다움을 잃지 않으면서도, 함께하기 위해 기꺼이 한 걸음 내딛는 것. 그것이 관계를 이어가는 가장 단단한 방법입니다.

결국 관계를 바꾸는 건 거창한 기술이 아닙니다. 마음의 여유를 되찾고, 다시 상대에게 말을 걸어보는 작은 용기입니다. 그 용기가 바로 서로를 이해하게 만드는 ‘차이의 언어’가 됩니다. 오늘 여러분의 하루가 따뜻한 대화 한 줄에서부터 새롭게 시작되기를 응원합니다.

차이의 언어

초판 1쇄 인쇄 2026년 1월 05일
초판 1쇄 발행 2026년 2월 10일

지은이 이주연

펴낸이 정용수
책임총괄 강선혜
편집장 차인태
편집 임한나
디자인 정은진
영업 · 마케팅 정경민, 이은혜, 임정인, 김다인
제작 김동명 **관리** 윤지연

펴낸곳 ㈜예문아카이브
출판등록 2016년 8월 8일 제2016-000240호
주소 경기도 파주시 광인사길 79 4층(문발동)
문의전화 02-2038-3372 **주문전화** 031-955-0550 **팩스** 031-955-0660
이메일 archive.rights@gmail.com **홈페이지** ymarchive.com **인스타그램** yeamoon.arv

ISBN 979-11-6386-547-6(03190)